Rundflüge waren und sind zu allen Zeiten sehr beliebt, hier der Schalter am Flughafen Bremen.

Bernd-Rüdiger Ahlbrecht

Norddeutsche Luftfahrtgeschichte in Schlaglichtern

55 prägende Orte und Ereignisse

SUTTON

Inhalt

Vorwort

Mecklenburg-Vorpommern, Niedersachsen, Schleswig-Holstein, Hamburg und Bremen – fünf deutsche Bundesländer stehen als Synonyme für Meer, Schiffe, Häfen, Landschaft. Die enge Verbundenheit mit dem Meer, der Schifffahrt und ihrer Geschichte wie auch der Reiz der Landschaft und die Bodenständigkeit ihrer Bewohner ziehen Jahr für Jahr Millionen von Urlaubern und Touristen an die Strände von Nord- und Ostsee und in das küstennahe Hinterland. Unübersehbar ist der Einfluss der See auf die Lebens- und Arbeitswelt der Menschen, faszinierend sind die großen Pötte in den Seehäfen und Werften wie auch die Fischkutter in den kleinen Fischereihäfen.

Wenn die Schifffahrt auch allzu oft schwierige Zeiten durchleben musste und teilweise weiter mit Problemen zu kämpfen hat, der Reiz ist und bleibt ungebrochen. Doch Industrie und Verkehr stützen sich nicht nur auf die Schifffahrt, sondern seit Anfang des 20. Jahrhunderts auch auf die Luftfahrt. Deutschland nimmt seit über 100 Jahren in diesem Bereich weltweit einen Spitzenplatz ein. Es kann für sich verbuchen, dass hier der Flug des Menschen seinen Anfang nahm, und zwar in eben dieser Küstenregion, im vorpommerschen Anklam, der Heimatstadt von Otto Lilienthal. Er schuf nach seinem anfänglichen Studium des Fluges der Störche schließlich die wissenschaftlichen Grundlagen des sicheren Fliegens, machte es mit seinen praktischen Flügen zu einer sicheren Fortbewegungsart und ließ den uralten Traum des Menschen Realität werden. In den darauffolgenden Jahrzehnten entwickelten sich die Küstenländer neben Süddeutschland und der Region um Berlin zu einem Zentrum des Flugzeugbaus und des Flugwesens insgesamt. Nicht immer geschah dies auch hier zum Segen der Menschheit. Es wechselten

Licht und Schatten, sehr oft auch verbunden mit Tod und Vernichtung. Letztlich siegte nach zwei Weltkriegen, die auch das Land an Nord- und Ostsee schwer trafen, der Überlebenswille und es gelang ein Neuanfang, fußend auf den Erfahrungen der Generationen vorher. Das vorliegende Buch soll ein kleiner Beitrag dazu sein, sich dieser Geschichte zu nähern, sie zu betrachten und bewerten.

In der vorliegenden Publikation sollen Ihnen das Wollen und Werden in der Luftfahrtgeschichte dieser fünf Bundesländer anhand von Ereignissen, Fakten und Episoden auch in ihrer oftmaligen Widersprüchlichkeit vorgestellt werden. Dies aber immer vor dem Hintergrund, dass es nicht die Luftfahrt an sich war, die die Ereignisse bestimmte, sondern immer auch der Mensch der Akteur oder Spielball war. Luftfahrtgeschichte ist ein Teil unserer gesamten Geschichte und wie diese prädestiniert dafür, Lehren für die Zukunft zu ziehen.

Symbol für das enge Zusammenwirken von Luftfahrzeug und Schiff – Rettungshubschrauber der Deutschen Marine und Seenotkreuzer der DGzRS bei einer gemeinsamen Übung.

1 Ahlhorn – Aladin im hohen Norden

Im Ersten Weltkrieg befand sich am südlichen Rand von Ahlhorn einer der wichtigsten Häfen für die Luftschiffe der kaiserlichen Marine. Im Sommer 1915 war hier, an der Bahnlinie zwischen Oldenburg und Osnabrück, Baubeginn für die Luftschiffhallen „Aladin“, „Albrecht“, „Alrun“ und „Alix“ (in der Regel begannen die Hallenbezeichnungen mit dem ersten Buchstaben der nächstgelegenen Ortschaft). Mit ihren Abmessungen von 241 Metern Länge, 60 Metern Breite und einer Höhe von 35 Metern dominierten sie das Gelände recht eindrucksvoll.

Die Hallen waren als Doppelhalle ausgelegt, sodass maximal acht Schiffe sicher untergebracht werden konnten. Im Krieg wurden sie auf 260 Meter verlängert und entsprachen damit den wachsenden Abmessungen der Luftschiffe. Nach dem Waffenstillstand wurden die Hallen abgebrochen und an Italien bzw. Frankreich ausgeliefert.

Zuerst entstanden am südwestlichen Platzrand der Kommandantur- und Unterkunftsbereich sowie eine Funkstation, nördlich gelegen die Offiziersunterkünfte und das dazugehörige Kasino. Aus diesem Grund wird das Wäldchen noch heute als Kasinowald bezeichnet. Während der vollen Einsatzbereitschaft des Platzes waren hier 1.200 Mann Militärpersonal stationiert. Bereits im Juli 1916 erfolgte die erste Landung eines Luftschiffes, es war dies LZ 72 (L 31) unter Kommandant Mathy. Die Bezeichnung LZ 72 besagte, dass es die Baunummer 72 des Luftschiffbaus Zeppelin war, L 31 wies aus, dass es das 31. Schiff der Marine war.

Eine besondere Zäsur für diesen Platz war das folgenschwere Explosionsunglück, durch das am 5. Januar 1918 die Hallen „Alrun“ und „Alix“ wie auch fünf Schiffe vollkommen zerstört wurden. Auch die Hallen „Aladin“ und „Albrecht“ wurden schwer beschädigt, aber wieder repariert. Leicht beschädigt wurde darüber hinaus das Gaswerk. Trümmerteile flogen bis nach Wildeshausen und noch im 40 Kilometer entfernten Bremen

war die Druckwelle zu spüren. Die bis heute nicht vollständig geklärte Ursache war wohl der unsachgemäße Umgang mit Leichtbenzin bei Reinigungsarbeiten an den mit Wasserstoff gefüllten Luftschiffen. Danach wurden zwei neue Hallen („Alma" und „Alarich") im April und Juli 1918 fertiggestellt.

Wie an anderen Marinestandorten erfassten die revolutionären Ereignisse auch Ahlhorn. Die restriktiven Auflagen der Interalliierten Luftfahrt-Überwachungs-Kommission, der ILÜK, taten ein Übriges. Die Demontage der Hallen wurde bis 1921 zum Abschluss gebracht, es folgte eine Phase der zivilen Nutzung. Einerseits war dies auf dem gesamten Flugfeld eine vorwiegend landwirtschaftliche, andererseits zog im Südwesten in den ehemaligen Unterkünften ein Kinderheim ein, im Kasinogebäude eine Lungenheilanstalt, anschließend ein Altenheim, und das ehemalige Gaswerk produzierte Mittel zur Schädlingsbekämpfung. Ab 1938 übernahm die Luftwaffe das gesamte Areal unter dem Namen Ahlhorner Heide, doch dies wäre eine andere Geschichte, zu der auch die britische Nutzung von 1952 bis 1958 und die anschließende Nutzung durch die Bundesluftwaffe, teilweise gemeinsam mit der US Air Force, bis 2005 gehören. An die Luftschiffzeit erinnern noch eine Reihe fester Gebäude wie z.B. das ehemalige Kasino, die Funkstation und Teile des Gaswerkes. Der Name Ahlhorn ist heute nur noch als Bezeichnung für den größten Ortsteil der Gemeinde Großenkneten vorhanden.

Luftschiffhalle in Ahlhorn mit Werkstattgebäude, im Hintergrund ein Flaschenwagen für den Wasserstofftransport (um 1917).

2 Anklam – Hier begann der sichere Flug des Menschen

Unbestritten dürfte der Name derjenigen Persönlichkeit bekannt sein, die als erste mit einem Flugapparat den Flug eines Menschen vollzogen hat und dabei die eigenen wissenschaftlichen Erkenntnisse in die Tat umsetzte – Otto Lilienthal. Nicht ganz so bekannt dürfte sein, dass in Anklam an den Ufern der Peene sein Geburtshaus stand und er hier den Flug der Störche akribisch untersuchte.

Das hier beheimatete, nach ihm benannte Museum wartet mit einer einzigartigen Präsentation auf, die die Leistungen dieses größten Sohnes der Stadt den Besuchern nahebringt. Nachdem bereits ab 1927 das Heimatmuseum einen eigenständigen Bereich mit dieser Geschichte präsentiert hatte, entstand ab 1991 aus Anlass des 100. Jubiläums von Lilienthals Erstflug ein eigenes Museum, das 1996 erweitert wurde, nicht zuletzt um das gesamte Schaffen der Brüder Otto und Gustav Lilienthal präsentieren zu können. Ausgestellt sind die Nachbauten aller Lilienthal´schen Flugapparate und der aerodynamischen Versuchsapparaturen sowie Erzeugnisse der Lilienthal´schen Maschinenfabrik wie auch Zeugnisse des künstlerischen Schaffens und des sozialen Engagements von Otto Lilienthal. Das Museum wurde u.a. durch den Weltluftsportverband FAI ausgezeichnet und bekam 1999 den „European Museum of the Year Award" zuerkannt.

Anzumerken ist, dass 2014 ein sehr genauer Nachbau eines seiner Gleiter im Auftrag des Deutschen Zentrums für Luft- und Raumfahrt (DLR) im europäischen Windkanal von Marknesse (Niederlande) vermessen wurde. Diese Untersuchungen wie auch die zwei weiteren Nachbauten und die durchgeführten Flüge von Prof. Markus Raffel bestätigten sowohl die ausgezeichneten aerodynamischen Eigenschaften der Apparate als auch das sichere, aber anspruchsvolle Flugverhalten. Die 2018 erfolgte Übernahme des Nachlasses von Paul Beylich, Lilienthals Mechaniker und engem Vertrauten, bereichert inzwischen die Ausstellung.

Das größte Investitionsvorhaben der Stadt ist der Ausbau der Nikolaikirche, der Taufkirche Lilienthals, zum „Ikareum – Lilienthal Flight Museum". Dabei erfolgt eine enge Zusammenarbeit mit dem „Museum Techniki i Kommunikacij" in Stettin. Das wäre dann ein würdiges europäisches Gegenstück zur Ehrung der Gebrüder Wright, der ersten Motorflieger, in Kitty Hawk (USA).

Anklam verfügt auch über einen Flugplatz, der, 1936/37 errichtet, verschiedene Luftwaffengeschwader und Fliegerschulen beherbergte, bis zum April 1945, als die Stadt von sowjetischen Truppen befreit wurde. Nach der Zerstörung der Anlagen begann in den 1950er-Jahren erneut der Flugbetrieb. Anklam wurde zu einem der fünf Hauptstützpunkte des Agrarfluges der DDR ausgebaut, ausgestattet mit umfangreichen Werftanlagen. Heute ist der Platz als Verkehrslandeplatz eingestuft und gestattet den Betrieb von Luftfahrzeugen bis 5,7 Tonnen. Darüber hinaus ist er ein Zentrum des Flugsports aller Sparten. Vor allem die Ausstattung des Platzes mit Pension, Gaststätte und allen Einrichtungen für die Betreuung von Gastflugzeugen

Nachbauten verschiedener Gleitapparate von Otto Lilienthal im Lilienthal-Museum Anklam.

sowie der Erlebnisgarten „Aeronauticon“ zusammen mit der Möglichkeit, Rundflüge zu den Highlights vor den Toren der Stadt wie Rügen, Usedom, Greifswald und Stralsund wie auch über dem Peenedelta zu buchen oder diese anderweitig zu besuchen, machen die besondere Attraktivität des Standortes aus.

Ein technisches Denkmal ist der letzte in Deutschland vorhandene Leuchtfeuerturm der europäischen Nachtflugstrecken aus den 1930er-Jahren, der von seinem alten Standplatz in Dannenberg, zur Strecke Berlin–Königsberg gehörend, in den 1960er-Jahren nach hier versetzt und (leider gekürzt) wieder aufgebaut wurde.

3 Bad Zwischenahn – Seenotrettung aus der Luft

Im Gegensatz zu den meisten anderen deutschen Flugfeldern hielt die Luftfahrt in Bad Zwischenahn erst relativ spät Einzug. So fand das unmittelbar angrenzende Zwischenahner Meer nach sporadischer Nutzung durch Wasserflugzeuge erst ab 1935 eine intensivere fliegerische Verwendung, indem es für den zivilen Zielschleppdienst im Auftrag von Flakeinheiten als Landefläche diente. Als die Luftwaffe den Stationierungsort Norderney für eigene Zwecke nutzen wollte, begann im Frühjahr 1936 der Bau eines kombinierten Land- und Seefliegerhorstes an der westlichen Seite des Sees. Der Standort war und ist untrennbar verbunden mit der Aufstellung des Seenotflugkommandos, der späteren Seenotstaffel Norderney unter Führung von Karl Born.

Noch heute erinnert ein Ehrenmal in Bad Zwischenahn an diese Zeit, war es doch der Geburtsort des Seenotrettungsdienstes der deutschen Luftwaffe, der ungeachtet der Nationalität Tausende von Flugzeugbesatzungen aus der Nord- und der Ostsee, aus dem Atlantik sowie aus dem Mittelmeer und dem Schwarzen Meer retten konnte. Unvergessen ist auch die aktive und erfolgreiche Beteiligung an den Rettungsaktionen für Flüchtlinge aus den Gebieten östlich der Oder im Jahr 1945.

Nutzten im Herbst 1937 noch die inzwischen der Luftwaffe zugehörigen Zielschleppstaffeln das neue Fluggelände, so änderte sich die Lage spätestens mit Kriegsbeginn im September 1939. Mit dem Überfall auf die Niederlande, Belgien und Frankreich im Jahr 1940 starteten vom Flugplatz Einsatzgeschwader der Luftwaffe, wenig später auch gegen Großbritannien. Im weiteren Kriegsverlauf waren hier nicht nur Kampfgeschwader stationiert, sondern es starteten außerdem Nachtjäger im Rahmen der Heimatluftverteidigung zur Abwehr der nächtlich einfliegenden britischen Bomberverbände.

Die einschneidendste Zäsur ist auf den Sommer 1943 zu datieren. In dieser Zeit begannen die Vorbereitungen auf dem mit inzwischen drei Asphaltstartbahnen versehenen Flugplatz für den Einsatz des berühmt-berüchtigten Raketenjägers Messerschmitt Me 163, im Fliegerjargon auch „Kraftei" genannt. Fronterfahrene Jagdflieger wie Wolfgang Späte und der Peenemünder Testpilot Rudolf Opitz waren die ersten, die hier für den Einsatz dieses Flugzeuges vorbereitet wurden. Der Flug war berauschend wie gefährlich – nach dem Start „kletterte" das Flugzeug in eineinhalb Minuten auf 10.000 Meter Höhe, dabei wurde eine Geschwindigkeit von nahezu 1.000 km/h erreicht. Allerdings waren die Verluste enorm, es gingen mehr Flugzeuge durch technisches Versagen oder Pilotenfehler verloren als durch die gegnerische Abwehr. Kamen z.B. bei der Betankung oder bei einer harten Landung (auf einer Kufe!) die zwei hochentzündlichen Treibstoffkomponenten miteinander in Berührung, war die vernichtende Explosion des Flugzeuges die Folge. Der militärische Wert dieses technisch hochentwickelten Flugzeuges ging gegen null, trotzdem wurden auch nach schweren Bombenangriffen auf den

Ein durch ein Seenotflugzeug vom Typ Dornier Do 24 der deutschen Luftwaffe aus Seenot geborgener Flieger wird an Land gebracht (um 1942).

Flugplatz und seiner Auflassung noch Einsatzverbände der Me 163 in Wittmundhaven, Venlo und Brandis bei Leipzig aufgestellt.

Die letzten Einsätze von Bad Zwischenahn flog die II. Gruppe des Kampfgeschwaders 54, die die „Wunderwaffe“ V1 unter der Fläche von He-111-Bombern hängend gegen Ziele in England und Belgien startete. Am 1. Mai 1945 besetzten kanadische Truppen das Gelände. Von 1952 bis 1958 wurde ein Lazarett für die Royal Air Force errichtet, das bis 2002 als Krankenhaus der Bundeswehr weitergeführt wurde. Heute „bevölkern“ Sportflieger und Golfspieler das ehemalige Flugplatzgelände, nur wenig erinnert noch an seine Geschichte.

4 Barth – Dunkle Wolken über dem Bodden

Die wechselvolle Geschichte dieses vorpommerschen Kleinods am nach ihm benannten Bodden ist luftfahrtkundlich äußerst interessant, aber auch bedrückend und dramatisch in Geschehnissen, die sich über nur wenige Jahre erstreckten. Vielfach konzentrierte sich in Deutschland die Phase der Etablierung der Luftfahrt auf nur zwei Zeiträume, auf den Beginn der Luftfahrt um 1910 herum und auf die Jahre 1935/36 mit der Wiedererlangung der „Wehrhoheit" des Deutschen Reiches. Für Barth traf Letzteres zu.

1935 begann am südlichen Stadtrand der Bau eines Fliegerhorstes der Luftwaffe, der als sogenannter Friedensstandort (Deckname „Festspielhaus") über eine umfangreiche Ausstattung vor allem mit Hallen-, Instandsetzungs- und Unterkunftskapazitäten verfügte und im Verlauf des Krieges auch eine befestigte Start- und Landebahn erhielt. Ab Juli 1936 wurden wechselnde Teile von Kampfgeschwadern stationiert, die von hier aus auf verschiedene Einsatzplätze an allen Fronten des Krieges verlegt wurden. Im Krieg wäre allein diese Tatsache eher unbedeutend geblieben, gab es doch zahlreiche weitere Standorte mit gleicher oder ähnlicher Geschichte. Auch die Verlegung eines Teils der Flugzeugfertigung der Heinkel-Flugzeugwerke Rostock nach Barth infolge der Zerstörung von Produktionsanlagen am Stammsitz durch alliierte Bombenangriffe war keine Besonderheit im Kriegsablauf, dergleichen war allerorts eine Realität des Krieges. Jedoch war ab Juli 1940 für jeden Einwohner der Stadt erkennbar, dass nordwestlich der Stadt eine besonders bewachte und umzäunte Einrichtung entstand, das erste Lager für in Gefangenschaft geratene Angehörige alliierter Flugzeugbesatzungen, das sogenannte Stalag Luft 1 (Stammlager).

Ab Anfang 1942 wurden hier auch sowjetische Kriegsgefangene eingeliefert, allerdings waren deren Lebensbedingungen weitaus menschenfeindlicher als die der westlichen Alliierten, die teilweise auch vom Roten Kreuz versorgt wurden und für die zumindest in Teilen die Bestimmungen der Genfer Konvention galten. Zum Kriegsende besaß das Lager

vier separate Teile, in denen etwa 10.000 Kriegsgefangene untergebracht waren. Im Kriegsverlauf wechselte die Unterstellung des Lagers von der Wehrmacht zur SS. Mit der Verlegung der Produktion von Heinkel in Hallen des Fliegerhorstes kam es zum Wechsel der Arbeitskräfte von deutschen Facharbeitern, die für den Fronteinsatz gebraucht wurden, hin zu KZ-Häftlingen, die ab November 1943 in zunehmendem Maß aus verschiedenen Lagern nach hier transportiert wurden. Die insgesamt etwa 7.000 Häftlinge unterlagen unmenschlichen Arbeits- und Lebensbedingungen und mussten ständige Schikanen erdulden, die Zahl der getöteten und umgekommenen Lagerinsassen kann nur geschätzt werden, einige der Massengräber wurden erst in den 1960er- und 1970er-Jahren entdeckt.

Sowohl das Stalag wie auch das KZ wurden am 30. April 1945 von den Bewachern verlassen, am 2. Mai befreiten Einheiten der Roten Armee die Stadt. Der Flughafen diente den westlichen Alliierten für die Rückführung ihrer Kriegsgefangenen (Operation „Revival"). 1957 begann der zivile Flugverkehr vor allem auf den Inlandsstrecken der DDR durch die Lufthansa Ost und die spätere Interflug, ab 1961 erfolgte ein großer Teil der Flugbewegungen durch verschiedene Einheiten der Nationalen Volksarmee. Nach einer Phase der ausschließlichen zivilen Nutzung durch die Agrarflieger erhielt der Platz 1990 seine Wiederzulassung für den zivilen Luftverkehr und wurde bis 2012 weiter modernisiert.

Abfertigungsgebäude des Flughafens Barth (um 1960).

5 Bredstedt – Knickebeins unsichtbare Strahlen

Bereits am Ende des 19. Jahrhunderts gab es vor allem in den USA, in England und in Deutschland erste Bestrebungen, elektromagnetische Wellen für den Nachrichtenverkehr nutzbar zu machen. Die Öffentlichkeit erfuhr spektakulär erst durch den Untergang der „Titanic“ 1912 davon. Weiterhin verborgen blieben aber schon 1904 in Köln vorgenommene erste Versuche zur Ortung beweglicher Fahrzeuge, in dem Fall von Schiffen. Diese blieben selbst vom Militär unbeachtet. Das änderte sich erst, wenn auch wiederum weitgehend im Verborgenen bleibend, mit der Neuaufrüstung des Deutschen Reiches.

Vor allem in Zusammenarbeit der Unternehmen Lorenz, Telefunken, Siemens und GEMA begannen geheime Forschungsarbeiten. Diese richteten sich nicht nur auf die Entwicklung der Radartechnik (in Deutschland als Funkmesstechnik bezeichnet), sondern auf alle Geräte und Verfahren, die auf der Basis elektromagnetischer Wellen arbeiteten. Im Jahr 1939 erschienen in der Nähe von Bredstedt (Schleswig-Holstein) Monteure der Firmen Lorenz und Telefunken, die eine große matratzenförmige Antenne errichteten, die um 360 Grad mittels Elektromotoren drehbar war und eine Abmessung von 30 mal 90 Metern besaß. Bereits vorher hatten diese Spezialisten eine gleichartige Anlage für die Luftwaffe bei Kleve-Materborn am Niederrhein installiert. Die von diesen Standorten ausgesandten Peilstrahlen basierten auf dem „Lorenz-Blindflug-Landeverfahren“ für Flugzeuge. Die Tarnbezeichnung für das neue Verfahren lautete „Knickebein“.

Sein Zweck bestand darin, den deutschen Bomberverbänden eine genaue Navigation zu ermöglichen, indem sie den engen Richtstrahl des Knickebein entlangflogen. Am Kreuzungspunkt mit dem Antennenstrahl der zweiten Station erfolgte automatisch der Bombenabwurf. Bodensicht und zusätzliche Navigation waren nicht mehr nötig. Die beiden genannten Anlagen wurden in den nächsten Monaten durch weitere zehn Stationen in Deutschland und den besetzten Ländern ergänzt.

Vor allem infolge von Aussagen kriegsgefangener Angehöriger deutscher Kampfgeschwader konnte die britische Seite recht rasch reagieren. In erster Linie ging es darum, den Peilstrahl aufzuspüren und die Sender zu orten. Dazu wurden Funker mit UKW-Empfängern sogar auf den 100 Meter hohen Türmen des britischen Chain-Home-Radars (deutsch: Heimat-Kette) platziert. Die erfolgversprechendste Methode war aber die Entsendung von Flugzeugen, die mit UKW-Empfängern ausgerüstet waren und Peilstrahlen in bestimmten Frequenzbereichen aufspüren sollten. Die Suchfrequenzen engte man später ein, da in abgeschossenen Bombern vom Typ Heinkel He 111 fest eingestellte Frequenzen vorgefunden worden waren. Eine erste sehr direkte Bestätigung fand sich in einer am 18. Juni 1940 von britischen Jägern abgeschossen He 111 des Kampfgeschwaders (KG) 26. Auf einem Blatt der erbeuteten Bordunterlagen stand der Vermerk des Funkers:

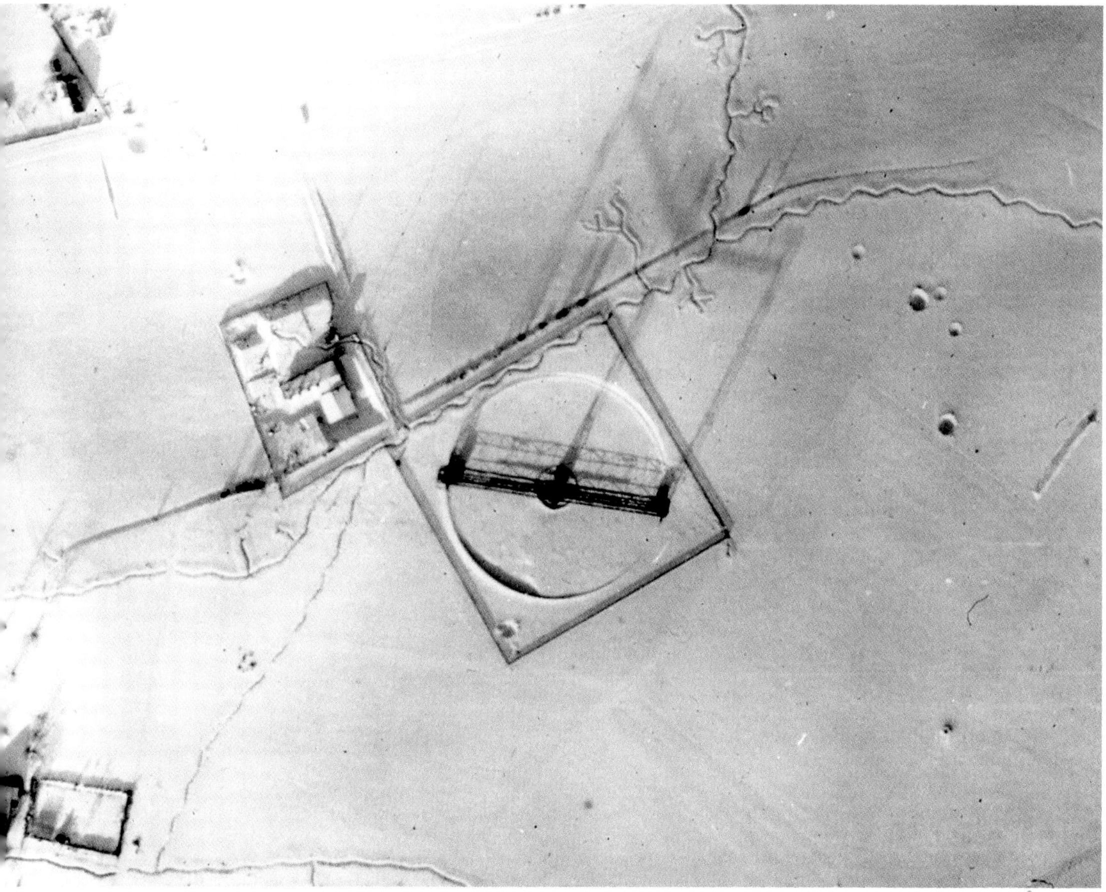

Luftbild des Peilsenders „Knickebein" in Kleve-Materborn. Bei dieser Winteraufnahme ist der Schattenwurf der Antenne deutlich sichtbar (1944).

„Fernfunkfeuer – U.K.W.
1. Knickebein (G. Bredstedt n.ö. Husum)
54° 39′ – 8° 57′
2. Knickebein (b. Cleve) 51° 47′ 5′′ – 6° 6′"

Bereits einen Tag später fanden die Briten in einer weiteren He 111 des KG 4 einen Notizzettel des Bordfunkers, auf dem die Frequenzen von Knickebein verzeichnet waren.

Kurioserweise bestand die erste britische Gegenmaßnahme darin, in Krankenhäusern eingesetzte Ultraschall-Bestrahlungsgeräte umzurüsten und unter der Bezeichnung „Headache" (Kopfschmerzen) als erste Störsender zu verwenden. Mit dem Einsatz einer Avro Anson der Royal Air Force (RAF) wurde erstmals in der Nacht vom 21. auf den 22. Juni 1940 der Peilstrahl mittels eines speziellen UKW-Empfängers störungsfrei und klar empfangen. Nunmehr konnte ein Störsender entwickelt werden, der in kurzer Zeit einsatzreif war – Knickebein wurde zunehmend wirkungslos, obwohl erfahrene Flugzeugführer immer noch am Strahl entlangfliegen und ihre Standortbestimmungen mit „normalen" Navigationsverfahren ergänzen konnten. In der Folge spielte Knickebein keine entscheidende Rolle mehr und wurde durch das weiterentwickelte X-Verfahren ersetzt.

6 Bremen – Die ausgelagerte Fertigung der Weserflug

Nur Wenigen ist bekannt, dass das Unternehmen Weser-Flugzeugbau-Gesellschaft mbH (WFG), kurz Weserflug genannt, einer der größten Flugzeugproduzenten des „Dritten Reiches“ war. Dazu kam es nahezu ausschließlich durch die Übernahme von Lizenzproduktionen anderer Firmen wie Junkers, Focke-Wulf, Dornier sowie Blohm & Voss. Fertigungsstätten befanden sich im Bremer Hafengelände, in Lemwerder, Delmenhorst, Einswarden und Nordenham.

Hervorgegangen war dieses Unternehmen aus dem Schiffbaukonzern Deschimag, der infolge der Weltwirtschaftskrise um 1930 im Flugzeugbau eine neue Chance sah, zumal Focke-Wulf in Bremen bereits eine recht sichere Auftragslage erlangt hatte. Es ist Fritz Feilke, von Deschimag kommend, zu verdanken, dass der Start von Weserflug so erfolgreich verlief. Im Zug der 1935 einsetzenden Wiederaufrüstung und des Ausbaus der zivilen Verkehrsverbindungen auch in der Luft wurde frühzeitig deutlich, dass die Fertigungswerke niemals selbstständig die Forderungen des Reichsluftfahrtministeriums erfüllen konnten. Insofern war es sinnvoll, den verschiedenen Herstellern Fertigungskapazitäten anzubieten. Zu diesem Zweck wurden bereits vorhandene Flächen gekauft oder angemietet, selbst das Rohrbach-Werk in Berlin-Wedding gehörte dazu, aber auch die ehemaligen Anlagen von Deschimag im Bremer Industriehafen, die Frerichswerft in Einswarden und die Deutschen Linoleum-Werke in Delmenhorst.

Die ersten Sporen verdiente sich Weserflug mit dem Vorrichtungsbau für Flugboote von Blohm & Voss. Ab 1935 folgte der Teilebau für Junkers, Heinkel und Dornier, ab 1936 dann auch die Endmontage und der Umbau von Flugzeugen (u.a. He 60, Ju 52/3m, W 34, Ju 87, Do 18, BV 138). Interessanterweise erfolgte in den ersten Kriegstagen im November 1939, also noch relativ lang vor dem Beginn der alliierten Bombenangriffe, die Umsiedlung eines Teils des Werkes Lemwerder an den Flughafen Berlin-Tempelhof. Als Erstes wurden die überdachten Flächen vor dem Empfangsgebäude genutzt, um hier ab Januar 1940 Umrüstungen von He 111 und Ju 86 vorzunehmen. Später wurde auch der Stuka Ju 87 ins Programm genommen. Im März konnte die Fertigung auf den Hangar 4 ausgedehnt werden. Im Oktober 1940 erfolgte der erste Luftangriff auf Tempelhof, dem war bereits im Mai einer auf Bremen vorausgegangen. Nunmehr wurde auch die Endmontage von Jagdflugzeugen Fw 190 in den Eisenbahntunnel des Flughafens verlegt. Die ab September 1942 zunehmenden schweren Luftangriffe auf die Produktionsstätten im Raum Bremen zwangen dazu, die Fertigung an immer neue Ausweichstandorte zu verlagern. Dies und die Aufnahme neuester Typen (u.a. Me 163, Ta 152 und 154, Ju 388) in das Programm führten ab 1943 zu extremen, teilweise nicht mehr zu beherrschenden Problemen im Betriebsablauf. Im Sommer 1944 arbeiteten bei WFG an elf Standorten 28.000 Beschäftigte, davon ein Drittel Fremd- und Zwangsarbeiter.

Montage von Junkers Ju 87 Stuka und Reparatur von Heinkelbombern He 111 unter dem Vordach des Flughafens Tempelhof (um 1943).

Mit der Besetzung Bremens durch britische Truppen endete jede Produktionstätigkeit. Obwohl mit dem Potsdamer Abkommen von der Abwicklung bedroht, gelang es dann, zumindest in Teilbereichen wieder Produkte zu fertigen, die nicht als Rüstungsgut eingestuft waren. So konnte der Stamm an Facharbeitern weiterbeschäftigt werden. Bei der Aufhebung des Bauverbots für Flugzeuge im Jahr 1955 standen die relativ unbeschädigten Werke in Lemwerder und Einswarden erneut für den Lizenzbau von Flugzeugen und Hubschraubern zur Verfügung. In der neugegründeten Flugzeugbau Nord GmbH fusionierten WFG, Blohm & Voss, Henschel und Siebel, die die Lizenzfertigung des französischen Transportflugzeuges „Noratlas" übernahm. Dieser und weitere Aufträge für den Aufbau der neuen Luftwaffe, wie die Umrüstung amerikanischer Jagdflugzeuge vom Typ F-84 F und RF-84 F, die Montage von Vertol-Hubschraubern des Typs H-21, die Beteiligung am Bau der französischen Transall sowie des Nachbaus der F-104 G Starfighter, nunmehr fusioniert mit der Focke-Wulf GmbH zum Unternehmen Vereinigte Flugtechnische Werke GmbH (VFW), kennzeichneten den weiteren Weg. Nach weiteren Fusionen (u.a. zu DASA, EADS) gehören die Standorte Bremen und Nordenham (Premium Aerotec GmbH) heute zum Airbus-Konzern.

7 Bremen – Eine Riesenhalle geht auf Wanderschaft

Die Fertigungsstätte von Weserflug im Bremer Hafengelände ist Teil einer Episode, die die Stadt an der Weser mit dem Niederrhein verbindet. Aufgrund der Übernahme der Lizenzfertigung des Sturzkampfbombers Junkers Ju 87 und wegen mangelnder Fertigungskapazität im Werk Lemwerder am linken Ufer der Weser, zu welchem auch ein Flugplatz gehörte, entschloss man sich zur Errichtung einer Produktionshalle auf werkseigenem Gelände im Hafen von Bremen, gelegen am rechten Ufer. Der Stahlbau Rheinhausen, zum Krupp-Konzern gehörend, erhielt im Jahr 1936 den Auftrag für die Halle. Deren Bezeichnung bei WFG lautete Halle 210.

Ende 1938 konnte die erste Junkers nach Lemwerder zum Einfliegen überführt werden, da im Hafengelände selbst kein Platz für die Einrichtung einer Startbahn vorhanden war. Dies geschah mittels zweier gekoppelter Binnenschiffe als Fähre. Auf diese Art und Weise wurden 3.720 gebaute Ju 87 sowie auch eine erhebliche Anzahl von Ju 52 über die Weser verschifft.

Lange blieb ungeklärt, was aus einigen der Anlagen der WFG im Hafengelände geworden ist. Obwohl der gesamte Hafenbereich, vor allem wegen der

Das Terminalgebäude des Flughafens Niederrhein in Weeze, die ehemalige Halle 210 von WFG.

Aufbau der in Bremen demontierten Halle 210 auf RAF Laarbruch (1954).

U-Boot-Fertigung, mehrfach schwer durch die Alliierten bombardiert worden war, blieben einige der Gebäude doch weitgehend erhalten. So auch Halle 210, die trotz ihrer Ausmaße nur geringe Schäden aufwies. Im Zuge der Reparationsleistungen erfolgte in Abstimmung mit Krupp ihre Demontage unter Aufsicht der Briten. Anfang der 1950er-Jahre hatte sich die NATO aufgrund der wachsenden Spannungen im Verlauf des Kalten Krieges zur Einrichtung eines eigenen Flugplatzsystems an der westlichen Grenze der Bundesrepublik entschlossen. Dazu gehörte auch der Standort Weeze, der in Anlehnung an das angrenzende Waldstück die Bezeichnung RAF Laarbruch erhielt. Sein Bau ab Herbst 1953 schloss alle notwendigen Einrichtungen ein, darunter auch eine zentrale Wartungs- und Reparaturhalle für die Flugzeuge. Wegen ihrer Stahlskelettbauweise fiel die Wahl auf Halle 210, die abmontiert und am neuen Standort wieder errichtet wurde.

Die Briten gaben ihr die irritierende wie inoffizielle Bezeichnung „U-Boot-Halle“. Nach mehrfacher Modernisierung wurde sie bei der Auflösung der Basis im Jahr 1999 besenrein an die deutsche Seite übergeben. Da der Flugbetrieb nahezu nahtlos weitergeführt wurde, nun mit zivilen Fluggesellschaften, bot sich 210 zur Verwendung als neues Terminal für die Abfertigung der Passagiere an. Nach einer intensiven Umbauphase ging dieses 2003 in Betrieb. Bemerkenswert ist, dass auch nach aller Modernisierung die Metallkonstruktion deutlich sichtbar blieb und ein echter „Hingucker“ ist. Erst der Fund der Konstruktionspläne aus dem Jahr 1936 konnte schließlich das Geheimnis um die Herkunft der Halle lüften.

8 Bremen – „Enten“, „Eulen“ und weitere „Vögel“ aus Bremen

Bereits Mitte 1910 wurde vonseiten der Militär- und Landesbehörden die Genehmigung erteilt, den Exerzierplatz am Bremer Ochtumdeich für Zwecke der Luftfahrt zur Verfügung zu stellen. Das dort eingerichtete Fluggelände erhielt den Namen Neuenlander Feld. Recht zügig kamen dort auch Luftfahrzeugkonstrukteure ins Spiel, die nur wenige Jahre später auch international bekannt werden sollten – die Brüder Wilhelm und Henrich Focke.

Obwohl beide frühzeitig mit der Luftfahrt Berührung hatten, blieb ihr nur Henrich treu. Mit Unterstützung von Partnern, darunter befand sich auch der junge Ingenieur Georg Wulf, konstruierte er in dem Unternehmen Focke-Wulf-Flugzeugbau AG eine ganze Reihe von Leichtflugapparaten. Wulf kam im September 1927 bei einem Absturz ums Leben, der Doppelname der Firma blieb trotzdem erhalten.

Im Zug der beginnenden Luftrüstung erlangte die Produktion von Schulflugzeugen für die Ausbildung von Personal für die neue Luftwaffe zunehmend Priorität. Ein erstes Ergebnis war die Fw 44 „Stieglitz“, die zu einem der Standard-Schulflugzeuge der Luftwaffe wurde. Nur wenig später folgte die Fw 58 „Weihe“, umgangssprachlich als „Leukoplastbomber“ bekannt. Zwei Typen sollten aber nur wenig später den Bekanntheitsgrad des Unternehmens schlagartig steigern. Einerseits war dies die Fw 190, die zu einem der besten Jagdflugzeuge des Krieges werden sollte, andererseits die Fw 200 „Condor“, ein viermotoriges Langstrecken-Verkehrsflugzeug. Bekannt wurde die Fw 200 durch ihren Nonstop-Flug von Berlin-Staaken nach New York sowie durch ihren Rückflug auf der gleichen Strecke nach Tempelhof. Die Lufthansa setzte diesen Typ auf Fernstrecken ein, mehrere Maschinen wurden nach Dänemark und Brasilien verkauft. Jedoch gingen nahezu alle im Bestand der Lufthansa befindlichen Maschinen mit Kriegsausbruch in den Besitz der Luftwaffe über und fanden vor allem als Transportflugzeuge Verwendung. Neben der bereits erwähnten Fw 190 (ca. 20.000 Stück wurden gefertigt) war auch die Fw 189 „Eule“ als Aufklärer mit

etwa 800 Exemplaren im Einsatz bei der Luftwaffe.

Aus seinem Unternehmen hinausgedrängt, gründete Focke gemeinsam mit Gerd Achgelis im Jahr 1937 die Focke, Achgelis & Co. GmbH in Hoykenkamp (heute Teil von Ganderkesee) bei Delmenhorst. Dort entstanden u.a. der Tragschrauber Fa 330 „Bachstelze" für den Einsatz auf U-Booten und der Hubschrauber Fa 223, aus technologischer Sicht ob seiner Leistungsfähigkeit als Transporthubschrauber ein Volltreffer. Für den militärischen Einsatz spielten die 20 gebauten Exemplare allerdings trotz ihres nachgewiesenen Potenzials nur eine Nebenrolle.

Nach dem Krieg konnte bei Focke-Wulf erst 1951 mit dem Bau von Segelflugzeugen an das ehemalige Produktionsprofil angeknüpft werden. Der Auftrag zur Lizenzproduktion der Schulflugzeuge Piaggio 149 für die Bundesluftwaffe und zur Wartung der U-Jagdflugzeuge „Fairey Gannet" der Bundesmarine brachte Stabilität in das Unternehmen. 1963 fusionierte Focke-Wulf mit Weser-Flugzeugbau zu den Vereinigten Flugtechnischen Werken (VFW). Eines der erhalten gebliebenen Zeugnisse von Fockes Wirken ist der von ihm selbst um 1960 gebaute Windkanal, der heute restauriert in einem kleinen Museum an ihn erinnert. Henrich Focke starb nach einem wechselvollen und erfolgreichen Leben hochgeehrt am 25. Februar 1979 in Bremen.

Das erste Serienflugzeug der Firma Focke-Wulf, das Verkehrsflugzeug A 16d, ein sogenanntes Kleinverkehrsflugzeug für drei bis vier Passagiere mit dem Spitznamen „schwangere Ente" (um 1928).

9 Bremen – Die Wiedergeburt der Fw 200

Die ab 1939 auf ein japanisches Ersuchen begonnenen Arbeiten an einer Bomberversion der Fw 200 Condor mündeten in dem Beschluss, daraus sowohl eine für Zwecke der Luftwaffe vorgesehene Version als Bomber wie eine für die Marine als Fernaufklärer über See zu entwickeln. Ungeachtet struktureller Mängel des als Verkehrsflugzeug konzipierten Typs erfolgte sein Einsatz im Krieg als Bomber und Fernaufklärer. Keine der etwa 275 gefertigten Fw 200 existiert heute noch; allerdings gibt es eine Ausnahme und diese ist verbunden mit der Geschichte einer „zweiten Geburt" – und mit dem Engagement ehrenamtlich wirkender Freiwilliger und ihrer zahlreichen Partner.

Im Jahr 1941 wurde die Fw 200 C-3 mit der Werk-Nummer 0063 an die Luftwaffe ausgeliefert. Am 22. Februar 1942 setzte sie unter Führung von Leutnant Thieme nach einem zehnstündigen Aufklärungsflug über dem Atlantik zur Landung auf dem Heimatflugplatz bei Trondheim an. Ein plötzlich auftretendes Steuerungsproblem zwang zur Notwasserung im Fjord. Die Besatzung konnte vollzählig in die Schlauchboote gehen, das Flugzeug aber versank kopfüber in den Fluten und ging in 60 Metern Tiefe auf Grund. 1981 wurde das Wrack zufällig von Geologen entdeckt.

Nach langwierigen Vorbereitungen begann 1999 die Bergung unter Federführung des Deutschen Technikmuseums Berlin (DTMB). Leider gelang dies nicht wie geplant. Das Wrack zerbrach mehrere Meter hoch im Bergegestell des Krans hängend und stürzte auf den Ponton, auf dem es abgelegt und abtransportiert werden sollte. Trotz aller Unkenrufe machten sich mehrere Teams freiwilliger und erfahrener Arbeitskräfte, wenn auch zumeist fortgeschrittenen Alters, insgesamt etwa 80 Mann, an die Arbeit. Das Team Airbus Bremen arbeitete ab Februar 2002 und war verantwortlich für die Überholung oder Neufertigung vor allem des Rumpfes von Spant 1 bis 6 (gleich hinter der Einstiegstür) und der kompletten Tragflächen, der Triebwerksverkleidungen, Fahrwerksteile, der Elektrik, Hydraulik und Steuerung. Das Team DLBS (Deutsche Lufthansa Berlin Stiftung) / Lufthansa Hamburg übernahm die Neufertigung der Hauptfahrwerke sowie des Rumpfteils ab Spant 6

bis zum Heck, des Leitwerks und anteilig der Elektrik für die Trimmung. Das Team Rolls-Royce Deutschland begann in Dahlewitz bei Berlin unter Einsatz von Auszubildenden mit der totalen Reinigung der vier geborgenen BMW-Triebwerke von Schlamm und Korrosion und dem Abbau noch brauchbarer Teile und übergab diese an Rolls-Royce in Oberursel. Dort konnten die Teile aufbereitet und zur weiteren Verwendung übergeben werden.

Von den Originaltriebwerken war keines mehr restaurierbar. Das Team Luftfahrtabteilung der Stiftung des DTMB fertigte die hölzerne Bugnase und war für die Beschaffung von benötigten Ausrüstungsgegenständen zuständig. Dem Museum gelang es darüber hinaus, im Tausch von einem Privatsammler zwei Triebwerke zu erwerben. Vom spanischen Luft- und Raumfahrtmuseum in Madrid konnte ein drittes Triebwerk im September 2012 mittels eines Dekrets des spanischen Königs Juan Carlos feierlich übergeben werden. Dachsel Flugmotorenreparatur und MTU Aero Engines stellten aus ihren Lagerbeständen Teile des benötigten Motorentyps zur Verfügung. Dies ermöglichte die Montage eines vierten Triebwerks zu etwa 80 Prozent.

Mithilfe der norwegischen Kommune Voss und des norwegischen Luftfahrtmuseums in Bodö konnten gut erhaltene Außenflügel einer anderen abgestürzten Fw 200 geborgen werden. Somit fanden Teile von insgesamt vier verschiedenen Fw 200 eine neue Verwendung. Im September 2003 konnte der ehemalige Flugzeugführer Werner Thieme bewegt die geborgenen Reste seines Flugzeuges in Augenschein nehmen. Im Jahr 2011 verstorben, konnte er die Endfertigung nicht mehr erleben. Im September 2020 waren die einzelnen Hauptbaugruppen im Rohbau fertig. Inzwischen sind der Rumpf und alle weiteren Baugruppen und Teile in Berlin angelangt.

Das Fahrwerk ist hydraulisch ein- und ausfahrbar, es funktionieren die Spreizklappen, die Steuerung, die Motorkühlerklappen und die Propellerverstellung an einem Triebwerk, die Trimmruder, Landescheinwerfer und die Positionslampen. Das „neue“ Flugzeug wird sich aber nicht mehr in seiner ehemaligen militärischen Ausführung präsentieren, sondern es wird sich als Verkehrsflugzeug dem Betrachter darbieten, so, wie es von der ursprünglichen Konzeption auch vorgesehen war. Das ist eine Grundlage dafür, die unterschiedlichen Verwendungen dieses Typs vor dem historischen Hintergrund zu zeigen und zu erläutern.

Ankunft des Rumpfes der in Bremen neu aufgebauten Focke-Wulf Fw 200 „Condor“ auf dem ehemaligen Flughafen Tempelhof (Juni 2021).

10 Bremen – Ein Denkmal für Hans Koschnick

Gemäß der Prioritätensetzung der Luftfahrt im kaiserlichen Deutschland begannen die Aktivitäten in Bremen mit der Einrichtung eines Geländes für die Deutsche Luftschiffahrts-Aktiengesellschaft (DELAG), die erste Luftverkehrsgesellschaft der Welt. Initiativen dazu hatte es in Bremen schon gegeben, aber erst als der Großreeder Albert Ballin das Marketing der DELAG übernommen hatte, war auch der Senat der Hansestadt für ein solches Projekt aufgeschlossen. Für eine Realisierung einigte man sich rasch auf das Neuenlander Feld im Süden der Stadt.

Am 6. Oktober 1912 landete hier das erste Luftschiff, die „Hansa" der DELAG. Zügig folgten im Trend liegend die ersten Flugapparate, die bekannten und teilweise berüchtigten „fliegenden Kisten". Mit dem „Prinz-Heinrich-Rundflug 1914", der Übernahme des Platzes durch die Militärbehörden 1914 und der Einbeziehung Bremens in den Linienflugverkehr 1919 etablierte sich das Fluggelände schrittweise als Verkehrslandeplatz. Im Juni 1922 war der Ausbau zu einem Verkehrsflughafen abgeschlossen, sowohl die Flugbetriebsflächen als auch die Abfertigungsanlagen entsprachen den damaligen Anforderungen. Trotz des wirtschaftlichen Einbruchs durch die Auswirkungen der Inflation überlebte der Flughafen, vor allem weil die Firma Focke-Wulf Flächen für den Hallenbau des neuen Werkes aufkaufte und auch in Zweckbauten für den Verkehrsbetrieb investierte. Zudem brachte die Gründung der „Luft Hansa" am 6. Januar 1926 mit der damit verbundenen Ausweitung des Liniennetzes auch nach Bremen einen erheblichen Aufschwung, der nach zwischenzeitlichen Krisen wie der Weltwirtschaftskrise Ende der 1920er-Jahre anhielt. Mit dem Jahr 1933 begann ganz im Sinn der neuen Machthaber ein massiver Neuausbau des Geländes und aller Anlagen.

Ins Auge stach dabei besonders die für Deutschland erstmalige Anlegung von vier sich kreuzenden Start- und Landebahnen. Dem folgten die Ausweitung des Liniennetzes, die Erweiterung der Fertigungsanlagen von Focke-Wulf sowie die Etablierung einer Militärfliegerschule. Mit Kriegsbeginn wurde jedweder zivile Liniendienst eingestellt. Bei den schweren Luftangriffen wurde Bremen zu großen Teilen zerstört. Den britischen Militärbehörden war es zu danken, dass die Anlagen und Betriebsflächen des Flughafens recht rasch wieder funktionsfähig wurden. Bereits im April 1949 konnte der zivile Flugbetrieb wieder aufgenommen werden.

Steigende Passagierzahlen erforderten sowohl neue Verbindungen wie auch die Vergrößerung der Abfertigungs- und Betriebsanlagen. Im Jahr 1955 wurde ein Ausbauprogramm begonnen, das von 1976 bis 1979 in einer zweiten Stufe fortgeführt wurde. Neben den Linienflügen generierte der Touristiksektor einen steigenden Flugverkehr, vor allem zu den Urlaubszielen in Südeuropa. Heute trägt der Flughafen nach dem früheren Bremer Bürgermeister die Bezeichnung „Bremen Airport Hans Koschnick". Bekannt wurde der Standort auch durch den Bau des ersten serienmäßig hergestellten Verkehrsflugzeuges der Bundesrepublik, der VFW 614. Ein bedeutender Faktor ist zudem, direkt am Flughafen gelegen, Airbus Bremen.

Die nach Kriegseinwirkung wieder instand gesetzten Flugbetriebsflächen und Anlagen des Flughafens Bremen (1946).

11 Bug auf Rügen – Der Bodden wird militarisiert

Dass der nordwestliche Teil der Insel Rügen, die Halbinsel Wittow, eine interessante Luftfahrtgeschichte aufzuweisen hat, ist vor allem älteren Einwohnern zumindest aus der Überlieferung und in Teilen bekannt, den jüngeren und den zahlreichen Urlaubern und Touristen aber wohl kaum. Es gibt auch nur wenige sichtbare Überreste aus einer Zeit, die bis zum Ersten Weltkrieg zurückreicht, und sie sind nur dem kundigen Auge sichtbar. Die Lage dieser Halbinsel, weit in die See hineinragend und den windgeschützten Bodden im Rücken, prädestinierte den Bug, ihren westlichen Ausläufer, für eine fliegerische Verwendung durch die kaiserliche Marine.

Mitte 1916 begannen die Bauarbeiten gleichzeitig auf dem Bug und in Wiek auf der gegenüberliegenden Boddenseite. Zweckmäßigerweise erhielt die vorhandene Kleinbahn von Bergen nach Altenkirchen einen Abzweig bis zum Bug. Im Januar 1917 waren die umfangreichen Bauarbeiten beendet und die beiden Seeflugstationen in Dienst gestellt. Beide Standorte dienten als Ausbildungs- und als Fronteinsatzbasis, wobei das Einsatzgebiet vom Eingang des Öresunds bis östlich Karlskrona reichte und das gesamte Seegebiet umfasste. Schon damals rief der Lärm der zahlreichen Flugbewegungen trotz des Kriegszustandes Unmut in der Bevölkerung hervor, wie es auch Proteste der Fischer gab, die um ihre Fanggründe und Stellnetze fürchteten, da an den Stationen ausschließlich Wasserflugzeuge zum Einsatz kamen.

Die Matrosen der Seeflugstationen gründeten im November 1918 wie anderenorts ebenfalls Soldatenräte und übernahmen für eine geraume Zeit die Macht. Vor allem aufgrund der Versailler Vertragsbestimmungen verfiel die Gegend wieder in die beschauliche Ruhe der Vorkriegszeit. Im Zug der verdeckten Aufrüstung in der Weimarer Republik geriet das Gelände auf dem Bug erneut in den Blick von Politik und Militär. Noch 1932 entstanden wieder eine Flugzeughalle wie auch weitere Zweckbauten, die nunmehr einer sogenannten „Nautischen Vermessungsabteilung“ zur Verfügung standen. Bereits im April 1934 formierte sich ein Fliegerhorsttrupp, ein Jahr später wurde die „Fliegerwaffenschule (See) Bug a. Rg.“ aufgestellt. Der Bug wurde als einer der wichtigsten Fliegerhorststandorte für die maritime Überwachung der Ostsee aus der Luft angesehen.

Neben umfangreichen Flugbetriebsanlagen, Hangarkapazitäten, Ablaufbahnen für Seeflugzeuge und einer Werftbasis sowie Unterkunftsgebäuden und Sportanlagen entstand auch ein Landflugplatz für Radflugzeuge. Weithin sichtbares Zeichen der Seeflugbasis war der auf einer weit in die Ostsee hineinreichenden Pier aufgestellte Kran für das Aus- und Einsetzen der Schwimmerflugzeuge und Flugboote. Noch heute sind die Betonteile der nach 1945 gesprengten Anlage im Wasser zu sehen. Eine wichtige Funktion besaß der Bug in den letzten Kriegstagen. Von hier und von Parow aus waren die Besatzungen der Seenotgruppe 81 unter dem Kommando von Karl Born zur Rettung Tausender Flüchtlinge aus dem Osten im Einsatz, die sie mit ihren

Schwimmerflugzeug der Deutschen Verkehrsfliegerschule (DVS) beim Einsetzen mittels Kran. Die DVS war eine Tarnorganisation für den Aufbau der deutschen Luftwaffe (um 1934).

Do-24-Flugbooten nach Mecklenburg und Schleswig-Holstein ausflogen. Kurz vor der Besetzung durch die Rote Armee konnte die gesamte Gruppe ins dänische Guldborg ausweichen.

Außer der Zufahrtsstraße, die von Dranske aus zum Bug führt, erinnern nur noch Ruinen von zwei zur Station gehörenden Zweckbauten an die Geschichte, und selbst diese stammen noch aus der Kaiserzeit. Alle anderen Anlagen wurden in Gänze gesprengt oder abgerissen. Der Vollständigkeit halber sei angemerkt, dass im heutigen Sperrgebiet nur noch wenige Bauten vorhanden sind, die, verfallen und von der Natur überwuchert, noch aus der Zeit stammen, als die Volksmarine der DDR hier ihre Schnellbootkräfte bis 1990 stationiert hatte. Der Ort Dranske, ein ehemaliges Fischerdorf, war ab 1935 für die Belange des Militärs vollkommen umgestaltet worden und ist zu großen Teilen noch vorhanden, wie z.B. die Grundschule. Sehr zu empfehlen ist eine der geführten Wanderungen auf den Südbug, ein einzigartiges Naturschutzgebiet. Nur so ist es möglich, das Sperrgebiet, das etwa 1,5 Kilometer nach dem Ortsausgang von Dranske beginnt, überhaupt zu betreten. Unbedingt sollte man auch Zeit einplanen, um das Marinehistorische und Heimatmuseum in der ehemaligen Grundschule zu besuchen. Hier ist alles Wissenswerte über die Geschichte von Dranske und den Bug zu finden.

12 Cuxhaven/Altenwalde – Gefrorene Blitze aus dem Wernerwald

Eigentlich könnte man die Landschaft südlich des Ortsteils Cuxhaven-Duhnen mit einiger Berechtigung als das Peenemünde an der Nordsee bezeichnen. Das unmittelbare Hinterland eines der schönsten und beliebtesten Strände an der deutschen Nordseeküste birgt ein Geheimnis deutscher Raketenentwicklungen und -versuche.

Spektakulär und nahezu allgemein ein Begriff ist Peenemünde mit seiner unheilvollen Geschichte der sogenannten „Wunderwaffe" V 2. Vielfach bekannt sind auch die von deren Schöpfern initiierte Mär vom Schritt in den Weltraum und der Begriff „Operation Paperclip" für die organisierte Abschöpfung des Wissens von Wernher von Braun und seiner Spezialisten durch die US-Amerikaner. Kaum bekannt ist, dass neben den sowjetischen Alliierten, die sogar diese Waffe in ihrer Besatzungszone kurzzeitig weiterbauen ließen (Werk RABE in Bleicherode), auch die Briten auf diese Technik zugriffen. Dazu nutzten sie ein Gelände, das bereits seit 1937 für Versuche mit verschiedenen Raketenwaffen und -triebwerken betrieben wurde, die Marineabnahmebeschussstelle Altenwalde südlich von Cuxhaven.

In Duhnen hatte schon 1933 Gerhard Zucker wenig erfolgreich private Versuche mit Postraketen (als Ziel war Neuwerk vorgesehen) unternommen. Ende 1944 führten aufgrund der militärischen Lage Vorauskommandos der Heeresversuchsanstalt (HVA) Peenemünde (Nr. 30) Versuche mit V 1 auch westlich Altenwalde im küstennahen Wernerwald durch. Der vorgesehene Aufbau eines Startplatzes für die V 2 unterblieb kriegsbedingt. Dieses Vorhaben wurde erst durch die Briten in ihrer Besatzungszone an ebendieser Stelle und unter Einbeziehung der Anlage in Altenwalde realisiert. Unter Verpflichtung von 200 deutschen Raketenspezialisten, von 200 Soldaten der Heeresartillerieabteilung 836 der Wehrmacht und 600 Kriegsgefangenen entstanden die neuen Anlagen für Raketenversuche.

Interessant ist, dass die Abteilung 836, die an der Westfront mit den Abschüssen der V 2 auf London, Antwerpen und Brüssel beauftragt war, am 1. Mai 1945 auf Befehl der Wehrmachtsführung aus den Kämpfen um Berlin mitsamt ihrer noch vorhandenen Technik herausgelöst wurde und sich zu den Westalliierten in Marsch zu setzen hatte, was auch geschah. Nach kurzzeitiger Gefangenschaft in einem US-Auffanglager wurden die Soldaten dann mitsamt ihrer Technik zu den Briten an die Nordsee in Marsch gesetzt. Es gelang schließlich, aus vor allem in Nordhausen vorgefundenen Raketen und Raketenteilen zumindest acht von eigentlich vorgesehenen etwa 30 V 2 zusammenzubauen.

Im Oktober 1945 erfolgten drei Starts von der Abschussanlage im Wernerwald in ein Zielgebiet nordwestlich von Esbjerg (Dänemark) über eine Strecke von fast 250 Kilometern, zwei der Starts waren erfolgreich. Diese bleiben, soweit bekannt, die einzigen Abschüsse von V 2, die nach dem 8. Mai 1945 in Deutschland noch stattfanden. Nach unbestätigten Informationen ist am 17. Oktober 1945 noch ein vierter Start erfolgt. Die Versuche wurden in Micklethwaite (Großbritannien)

Ein Meiller-Transportwagen mit einer Rakete A4 (V 2) steht in Altenwalde bereit zum Transport zum Abschussplatz (1945).

weitergeführt. Erstaunlicherweise und weitestgehend unbekannt ist aber, dass bis 1963 zivile (!) Raketenstarts vom Altenwalder Gelände aus stattfanden. Nachdem bereits 1952 Karl Poggensee (ehemals Mitarbeiter der HVA Peenemünde) in Großenkneten mit seinem Verein Deutsche Agentur für Raumfahrtangelegenheiten (DAFRA) Raketenstarts durchgeführt hatte, war es Hermann Gevecke (ebenfalls DAFRA), der unweit der V 2-Anlage im August 1957 weitere Starts durchführte. Mit den sogenannten „Ölsprühraketen" sollte bei Seenotfällen ein Sprühöl zur Beruhigung der See verschossen werden. Ein Jahr später war es die in Deutsche Raketengesellschaft (DRG) umbenannte DAFRA und 1962 Berthold Seliger mit seiner Forschungs- und Entwicklungsgesellschaft, die von fast gleicher Stelle sehr erfolgreiche Versuche unternahmen, so mit den Typen „Kumulus" und „Cirrus". Infolge internationaler Vorbehalte und wegen Sicherheitsbedenken wurden diese Experimente über 1964 hinaus nicht mehr weitergeführt.

13 Flensburg – Eine Stadt nach dem Krieg im Fadenkreuz der Bomber

Eine weitestgehend unbekannt gebliebene Rolle hat die Stadt Flensburg knapp zwei Monate nach Beendigung des Zweiten Weltkrieges gespielt – sie war das Ziel für Bomberverbände der Royal Air Force bei mehreren Angriffen mit insgesamt über 200 Flugzeugen. Jedoch fiel keine einzige Bombe, Deutschland hatte am 8. Mai bereits vollständig kapituliert. Was waren die Hintergründe für dieses Geschehen, welches unter dem bezeichnenden Code „ Exercise Post Mortem" (Übung nach dem Tod) ablief?

Erhebliche Teile der deutschen Wehrmacht konnten auch nach der Teilkapitulation vom 5. Mai 1945 in Gebieten Schleswig-Holsteins und Dänemarks relativ ungehindert einen normalen Dienstbetrieb aufrechterhalten. Der britische Premierminister Winston Churchill hatte diese Wehrmachtsteile in seinem Verantwortungsbereich für den Fall eines Vordringens der Sowjetarmee auf britisch besetztes Gebiet als Bestandteil eines bewaffneten Widerstands vorgesehen. Deshalb blieben viele Angehörige des Nachrichtensektors der deutschen Luftwaffe im Dienst und nahezu all ihr Gerät und die Nachrichtenverbindungen betriebsbereit.

Die enormen Verluste der alliierten Bomberverbände im Krieg durch die Reichsluftverteidigung, besonders deren Funkmess- und Störsystem, führten zur Idee des britischen Air Ministry, mit den auf deutscher Seite vorhandenen personellen und materiellen Kräften eine Übung ohne Waffeneinsatz durchzuführen. Hauptziel sollte sein, *„die deutschen Methoden zu untersuchen, wie man die Verteidigung gegen Luftangriffe organisiert und die Kontrolle über britische Bombenangriffe behält und dabei insbesondere die Wirkung britischer funktechnischer Gegenmaßnahmen auf die eigene Verteidigungsorganisation und auf eigene Radaranlagen verhindert"*. Am 12. Juni begannen die organisatorischen Vorbereitungen in Zusammenarbeit mit den Verantwortlichen der Luftflotte Reich. Der Zeitraum der Übung wurde auf 25. Juni bis 7. Juli festgelegt. Als Übungsgebiet wurden das gesamte Territorium Jütlands und Teile von Schleswig-Holstein benannt. An die deutsche Seite erging die Forderung, die Betriebs- und Einsatzbereitschaft von Funkmessgeräten (Radar) und Luftbeobachtungsposten sowie das Führungsnetz für den Einsatz der Nachtjäger herzustellen. Besonderes Augenmerk wurde darauf gelegt, dass vor allem wichtige Anlagen zur Erfassung, Aufklärung und Störung der Handlungen britischer Bomberkräfte einzubeziehen waren.

Ein kleines britisches Expertenteam besuchte Schleswig-Holstein und Jütland in der Zeit vom 27. Mai bis zum 5. Juni 1945 und inspizierte alle deutschen Nachrichtenanlagen, in Schleswig-Holstein u.a. die Nachtjägerstandorte in Flensburg, Eggebek und Jagel, das Operationszentrum der Stellung STAR in Lütjenhorn, die Funkmessstellung in Ladelund, die Stellung des UKW-Drehfunkfeuers BERNHARD in Bredstedt sowie den Stab der Luftflotte Reich in Schleswig. Die eingesetzten deutschen Kräfte sollten zwar unter britischer Aufsicht stehen, aber ohne jede fachliche Bevormundung

60 Meter hohes Fernstsuchgerät „Wassermann S" (FuMG 402) der deutschen Luftwaffe in einer Stellung an der jütländischen Nordseeküste (1945).

durch diese zum Einsatz gebracht werden. Die Luftwaffe setzte für die Übung 34 Funkmessgeräte aller vorhandenen Typen im Nahbereich bis hin zu Fernst-Funkmessgeräten sowie Y-Peilstationen mit allen erforderlichen Kommunikationsverbindungen ein. Als Operationszentrale für die Übung wurde wie bereits in den Kriegsjahren der Gefechtsstand des Jagdabschnittsführers Dänemark in Grove (heute Karup) festgelegt. Dieser befand sich in einem Großbunker mit dem Decknamen GYGES (zugeschaltet war der Großbunker SOKRATES in Stade). Der Einsatz der britischen Verbände des Bomber Command (200 Flugzeuge und zehn verschiedene weitere Einheiten) hatte auf zwei unterschiedlichen Routen zu erfolgen, als „A" (Nord) und „B" (Süd) bezeichnet. Als Angriffsziel für die britischen Fliegerkräfte wurde Flensburg ausgewählt. Die in den einzelnen deutschen Stellungen eingesetzten britischen Beobachter hatten die Aufgabe, Handlungen in jeder möglichen Form aufzuzeichnen und zu protokollieren, aber selbst nicht in das Geschehen einzugreifen.

Die Übung fand wie geplant statt, die wertvollen Erkenntnisse der britischen Seite wurden in den operativen und taktischen Einsatzplanungen berücksichtigt. Unmittelbar nach Beendigung der Übung gingen alle beteiligten Wehrmachtsangehörigen in die Kriegsgefangenschaft. Die Geräte, soweit sie nicht für eine Nachuntersuchung in Gänze oder in Teilen auf die britische Insel verbracht wurden, gingen den Weg in den Schrott.

14 Hage – Die Zigarren der kaiserlichen Admiralität

Unter den deutschen Luftschiff-Standorten blieb Hage bei Norden einer der relativ unbekannten Plätze. Als einer der Hauptstützpunkte der Luftschiffe lag er im äußersten nordwestlichen Zipfel des Deutschen Reiches. Heute erinnert kaum noch etwas an diesen ehemals bedeutenden Platz.

Baubeginn war im November 1914, im April 1915 konnten die ersten beiden Hallen „Hanne" und „Hannibal" in Betrieb genommen werden. Im Juni desselben Jahres folgten „Harald" und „Hasso". Frühzeitig entstand ein eigenes Gaswerk mit einer Tagesleistung von 16.700 Kubikmetern Wasserstoffgas, das im eigenen Lager mit einer Gesamtkapazität von 50.000 Kubikmetern gespeichert werden konnte. Zum Hafen gehörten auch ein Barackenlager für die hier stationierten Einheiten, ein Werkstattkomplex und eine eigene Wasserversorgung. Ein Gleisanschluss stellte die Verbindung zur nahegelegenen Bahnstrecke Norden–Esens–Wittmund her. Bis in das Jahr 1916 hinein blieb Hage mit insgesamt 660 Mann und einer eigenen Jagdstaffel mit 30 Flugzeugen einer der wichtigsten Luftschiffhäfen des Kaiserreiches. Die Personalintensität wird allein dadurch sichtbar, dass etwa 200 Mann für das sichere Handling nur eines einzigen Schiffes bei Start und Landung sowie beim Ein- und Aushallen notwendig waren.

Das erste hier stationierte Schiff war LZ 31 (L 6), welches von hier aus bis zum 4. August 1915 insgesamt 36 Aufklärungsfahrten über der Nordsee und zwei Angriffsfahrten gegen England unter der Führung des Freiherrn Horst Treusch von Buttlar-Brandenfels, eines der erfolgreichsten Kommandanten, absolvierte. Bei einer Fahrt zur Aufklärung von britischen Minensperren unter seinem neuen Kommandanten Kapitänleutnant Breithaupt am 14. Juli sollte sich die wesentliche Achillesferse des Standortes Hage zeigen. Bei diesem Einsatz sichtete L 6 auf Hage zufliegende britische Seeflugzeuge. Ihre Sichtung und die Meldung per Funk bewahrten Hage vor einem Angriff, die Maschinen drehten ab. Spätestens jetzt musste eigentlich der Marineführung bewusst werden, dass sich Hage wie auch andere küstennahe Standorte bereits in diesem frühen Stadium des Krieges in der Reichweite britischer Flugzeuge befanden. Für den ebenfalls küstennahen Standort Tondern (Nr. 44) sollte sich dies drei Jahre später (!) verhängnisvoll auswirken.

In wechselnder Basierung waren in Hage bis 1916 insgesamt neun Marineluftschiffe stationiert. Darunter waren LZ 36 (L 9), vor allem in der U-Bootsuche und -bekämpfung erfolgreich, wie auch LZ 41 (L 11), welches insgesamt 118 Aufklärungs- und Angriffsfahrten vor allem gegen England unternahm. Bedingt durch die damaligen navigatorischen Möglichkeiten und die daraus resultierende Zielungenauigkeit wurden bei den Angriffen in den meisten Fällen anstelle militärisch oder wirtschaftlich wichtiger Anlagen Wohngebiete getroffen. Aus diesem Grund gelten diese ersten strategischen Bombeneinsätze durch Luftschiffe auch als die ersten Terrorangriffe gegen die Zivilbevölkerung aus der Luft.

Luftschiffoffiziere (von li. Trube, Hänni, Dose, Gayer und Dähn) auf dem Gelände des Marineluftschiffhafens Hage (1917).

In der Reihe der in Hage stationierten Luftschiffe spielte ohne jeden Zweifel LZ 45 (L 13) eine besondere Rolle. Es stand bis zum 18. April 1916 unter dem Kommando von Heinrich Mathy. Der Name Mathys war ob dessen erfolgreicher Angriffsfahrten unter der britischen Bevölkerung zu einem Synonym für die „Zeppelin-Gefahr" geworden. Mathy fand mit seiner gesamten Besatzung an Bord von LZ 31 (L 6) am 2. Oktober 1916 bei einer Angriffsfahrt gegen London den Tod. Auch das nach der Statistik am häufigsten eingesetzte Luftschiff LZ 46 (L 14) mit insgesamt 526 Fahrten, davon 399 für die Marine, war zeitweise (Juli 1916 bis April 1917) in Hage stationiert. Aber nicht zuletzt der Verlust von L 6 unter Mathy zeigte symptomatisch die ganze Problematik und Tragik der Angriffsfahrten – die Zahl der Totalverluste nahm Ende 1916, Anfang 1917 rasant zu. Total bedeutete in der Regel auch den Totalverlust der Besatzungen. Infolge dieser Entwicklung und der zunehmenden Gefahr vor allem durch britische Fliegerkräfte, die auch von den ersten Flugzeugträgern der Royal Navy starteten, ließ die Bedeutung der Luftschiffhäfen stark nach. Bei Kriegsende wurde wie alle anderen Luftschiffhäfen auch Hage demilitarisiert. Zuletzt fielen 1921 die Hallen der Abrissbirne zum Opfer oder wurden demontiert. Heute erinnert kaum noch etwas an die Zeit der Luftschiffe, außer die „Zeppelinstraße" und das Freizeitzentrum namens „Zeppelin".

15 Hamburg – Nicht nur Schiffe entstehen in den Werften

Es ist doch relativ selten, dass es einem namhaften Unternehmen des Schiffbaus gelingt, sich auch im Flugzeugbau erfolgreich und vor allem dauerhaft hin zu einem Weltkonzern zu entwickeln und dabei alle politischen und wirtschaftlichen Brüche erfolgreich zu meistern. Die 1877 von Hermann Blohm und Ernst Voss in Hamburg gegründete Schiffswerft hatte sich bis Ende der 1920er-Jahre zu einer der deutschen Großwerften entwickelt. Auf der Suche nach einem neuen Betätigungsfeld gründete Walter Blohm nach einer Reihe von Konsultationen mit Experten 1933 die Hamburger Flugzeugbau GmbH (HFB) auf einem Gelände in Finkenwerder.

Mit dem Schwerpunkt Seeflugzeugbau wurde zügig ein lukratives Betätigungsfeld vor allem im Sinne des Reichsluftfahrtministeriums und der Kriegsmarineführung gefunden. Flugzeuge von Blohm & Voss, anfangs noch unter der Typenbezeichnung „Ha“, wurden zwar im Sinn der Luftrüstung entwickelt und in die Entscheidungsfindung für neue Typen einbezogen, aber mit recht wenig Erfolg. Vor allem für die Übernahme der Lizenzproduktion anderer Hersteller entstand ein zweites Werk in Wenzendorf südlich Hamburgs. Erst der Entwurf der BV 138 (erstmalig fand hier die neue Typenbezeichnung Verwendung) als Konkurrenz zur Dornier Do 24, als dreimotoriges Flugboot vor allem für die Fernaufklärung über See konnte als Erfolg verbucht werden. Diese robuste Maschine, im Jargon ob ihrer Form auch „Holzpantoffel“ genannt, konnte bei nahezu jedem Wetter eingesetzt werden und hatte eine Reichweite von bis zu 4.000 Kilometern. Durch die Verwendung von zuverlässigen Junkers-Dieselmotoren war sogar die Möglichkeit gegeben, von U-Booten in entfernten Seegebieten Treibstoff zu übernehmen. Dieser Typ und das sechsmotorige Großflugboot BV 222 „Wiking“, die noch größere BV 238 blieb ein Einzelexemplar, begründeten den Ruf der Firma auch nach 1945.

Noch in den letzten beiden Kriegsjahren entstanden in den Konstruktionsbüros revolutionäre Projekte militärischer

Hochleistungsflugzeuge, die reges Interesse bei den westlichen Alliierten fanden und als Kriegsbeute betrachtet wurden. Infolge des Potsdamer Abkommens wurden alle Anlagen ab 1945 demontiert oder zerstört. Interessant ist, dass dies nicht ohne hinhaltende und teilweise erfolgreiche Proteste der Beschäftigten und der Politik geschah. Walter Blohm gelang es, 1954 die HFB mit Weserflug und Siebel zum neuen Unternehmen Flugzeugbau Nord GmbH zu fusionieren, das dann die Lizenzproduktion des französischen Transportflugzeuges Noratlas für die Bundeswehr übernahm. Nach einigen Versuchen einer Eigenproduktion, so z.B. des in 45 Serienexemplaren gefertigten Reiseflugzeuges HFB 320 „Hansa Jet“, war die Firma des Weiteren beteiligt an der Produktion der ebenfalls französischen Transall C-160, des Senkrechtstarters Dornier Do 31 (heute im Deutschen Museum München) und der Fokker F.28 „Friendship“. Nach weiteren Fusionen und Übernahmen (MBB, DASA und EADS) gehört sie heute zur Airbus Group, deren deutsches Hauptwerk sich auf dem erweiterten Gelände in Finkenwerder befindet.

Start in Fuhlsbüttel zum neuen Kunden – Airbus A321neo der MEA.

16 Hamburg – Das hanseatische Luftkreuz

Wie so oft in der Kaiserzeit setzte ein Ereignis, das mit dem Namen Zeppelin in Verbindung stand, eine Kette von Ereignissen in Gang, die für eine lange, teilweise für alle Zeit Luftfahrtgeschichte schreiben sollten. So auch hier, in der Hanse- und Hafenstadt Hamburg. Graf Zeppelin und der Bruder des Kaisers, Prinz Heinrich von Preußen, wie auch Unternehmer, unter ihnen Albert Ballin und Rudolf Mönckeberg, forderten im Ergebnis einer Tagung die Stadt zur Errichtung einer Luftschiffhalle auf.

Am 10. Januar 1911 konstituierte sich die GmbH, 1912 wurde die Doppelhalle in Fuhlsbüttel eingeweiht und intensiv mit verschiedenen Zeppelinen im Passagierbetrieb genutzt, aber sie stand auch dem Militär zur Verfügung. Mit den ersten Flugwettbewerben erschienen die damals teils bespöttelten, teils bestaunten „tollkühnen Männer in ihren fliegenden Kisten“. Das Blatt sollte sich zweifach rasch wenden, die Aviatiker erlangten die Oberhand, auch durch die Ansiedlung der Caspar-Flugzeugwerke 1913, und der Krieg führte dazu, dass der Platz mit allen Einrichtungen dem Militär unterstellt wurde. Etwa 750 Militärpiloten durchliefen hier ihre Ausbildung.

Ab dem 1. März 1919 wurde Fuhlsbüttel im Liniendienst der Deutschen Luftreederei (DLR) mit Berlin verbunden, es kamen der Seebäderverkehr hinzu und weitere Verbindungen auch in das Ausland. Trotz zwischenzeitlicher Probleme hielt die Stadt an ihrem Flugplatz fest. Bis 1930 erfolgten ein zügiger Ausbau der Anlagen und der Bau neuer Abfertigungsgebäude. Hamburg war nunmehr durch die direkte Anbindung an 80 Städte, darunter 20 im Ausland, zu einem Luftkreuz im Norden geworden. Dazu trug auch die Eingliederung in das Nachtfluglinienetz in hohem Maß bei. 1932 übernahm die Hamburger Flughafenverwaltung GmbH die Geschäfte. Bis 1937 lag die Stadt im deutschen Flugverkehr hinter Berlin, Frankfurt und Köln an vierter Stelle.

Der Nonstop-Flug der Fw 200 am 11. August 1938 von Berlin nach New

York und wieder zurück hätte der Auftakt für eine neue Ära im Luftverkehr sein können, es sollte aber anders kommen. Mit Kriegsausbruch wurde ein Jahr später der Flughafen geschlossen. Hamburg versank mit der alliierten Operation „Gomorrha" im Juli und August 1943 in Schutt und Asche. Trotz seiner militärischen Bedeutung blieb der Flughafen bis Kriegsende unversehrt, die Royal Air Force übernahm ihn im Mai 1945 betriebsbereit.

Bereits ab 1946 wurde der Flughafen wieder zivil genutzt, zuerst durch British European Airways (BEA), ein Jahr später folgte Scandinavian Airline System (SAS) wie auch die belgische SABENA und die niederländische KLM. Um aber einen sicheren zivilen Flugverkehr bei jedem Wetter zu gewährleisten, musste das Rollfeld, bisher nur mit einer problematischen Grasnarbe versehen, durch befestigte Start- und Landebahnen ersetzt werden. Dies geschah im bereits wieder anlaufenden internationalen Linienverkehr 1948/49 und mitten in der Einbindung des Platzes als einzigem zivilen Flughafen in die Luftbrücke zur Versorgung Westberlins. In rollendem Schichtbetrieb gelang es, rund um die Uhr arbeitend, zwei Runways, die einen hindernisfreien An- und Abflug gewährleisteten, bis Dezember 1948 in Betrieb zu nehmen. Für den Flughafen, der ab 1950 in deutscher Verwaltung war, wuchs der Luftverkehr vor allem auf den Routen über den Atlantik überproportional an. Legendär war der Einsatz der Clipper vom Typ „Super Constellation". Mit Beginn des Düsenflugzeitalters entstand der Vorschlag, aufgrund der Lärmbelastung der Bevölkerung einen neuen Flughafen bei Kaltenkirchen zu bauen. Fuhlsbüttel konnte sich aber behaupten. Das Projekt war nach langen Abwägungen erst 1983 endgültig vom Tisch, vor allem aus Kostengründen. Nach der Verlängerung der beiden Bahnen auf 3.620 und 3.250 Meter und der Fertigstellung der neuen Abfertigungsgebäude ging der Flughafen Fuhlsbüttel 1961/62 wieder in Betrieb. Seit 2016 trägt der Flughafen den Namen des verdienstvollen Innensenators der Hansestadt und Bundeskanzlers Helmut Schmidt. Das Hamburger Luftkreuz ist heute einer der großen deutschen Flughäfen und für die Nordregion unverzichtbar.

Flugschüler des Deutschen Luftsportverbandes (DLV) vor ihrem Klemm-Schulflugzeug in Fuhlsbüttel. Auch diese Ausbildung war wie die bei der DVS eine Vorbereitung für ihren Einsatz bei der Luftwaffe (1934).

17 Heiligendamm – Ein Seebad schreibt Luftfahrtgeschichte

Dieses erste deutsche Seebad ist ob seiner interessanten und wechselvollen Geschichte heute nahezu eine Legende und wird zahlreich besucht und bestaunt. Aber kaum einer der „Guck“- und wohl auch der zahlungskräftigen Gäste weiß, dass hier vor nunmehr fast 110 Jahren einer der wichtigsten deutschen Flugwettbewerbe stattfand.

Das deutsche Reichs-Marineamt (RMA) hatte veranlasst, dass hier vom 29. August bis zum 5. September 1912 ein Wasserflugmaschinen-Wettbewerb veranstaltet wurde. Die damals noch recht abenteuerlich anmutenden fliegenden Kisten aus Leinwand, Holz und Draht, zumal mit sehr primitiven Schwimmern ausgestattet, wurden damals mit laufendem Motor von einer Wiese aus über eine Bohlenbahn ins Wasser geschoben. Zugelassen waren nur Apparate, die sowohl mit Rädern als auch mit Schwimmern ausgestattet waren. Die Wettbewerbsbedingungen eines vorherigen Ausscheidungsfliegens sahen vor, dass der Start von Land aus zu erfolgen habe und dass mindestens zehn Minuten zu fliegen sei. Danach sei hinter einer Bojenlinie zu wassern und das Triebwerk abzustellen. Danach habe man das Triebwerk wieder anzuwerfen und innerhalb von zehn Minuten zur Startfläche zurückzukehren.

Der Wettbewerb in Heiligendamm sollte unter verschärften Bedingungen stattfinden, so war z.B. die Flugzeit auf 30 Minuten ausgedehnt und die Landung hatte innerhalb eines 150-Meter-Bojenfeldes zu erfolgen. Der Wiederstart hatte in einer Zeit von 10 Minuten zu gelingen und die Mindestflughöhe war auf 300 Meter festgelegt. Die Preisgelder in Höhe von 10.000 und 5.000 Mark waren für die damalige Zeit recht beachtlich, wenn auch nicht zu üppig. Die Resonanz der noch jungen Flugzeugindustrie war mehr als schwach, nur sechs Bewerber nahmen an den Vorausscheidungen teil. Nicht einmal der in Aussicht gestellte Ankauf der Siegermaschine zum Preis von 30.000 Mark erbrachte mehr Interessenten.
Um ein Fazit zu ziehen: Das ganze hoch angesiedelte Vorhaben endete als Desaster. Weder entsprachen die Konstruktionen den Naturgegebenheiten (Seegang, Böen, Starkwind) noch brachten die schwachen Triebwerke genügend Power auf, um die Apparate überhaupt in die Luft zu bringen, was nur den drei Doppeldeckern gelang. Ursache war, dass die noch unbekannte „Stufe“ am Schwimmer den Apparat förmlich am Wasser kleben ließ – ein durchgängiges Problem fast bis heute bei spiegelglatter Wasseroberfläche.

Ein Wasserflugzeug wird für den Seeflugzeug-Wettbewerb in Heiligendamm startklar gemacht (September 1912).

Schwimmerflugzeug beim Seeflugwettbewerb über einem Torpedoboot der kaiserlichen Marine als Sicherungsfahrzeug (September 1912).

Ein Hauptergebnis des Wettbewerbs war der vom RMA beschlossene Ankauf von Seeflugzeugen in Italien, England und Österreich. Um weiter „Fahrt aufzuholen", fanden in den Folgejahren zwei Wasserflugwettbewerbe am Bodensee statt, die bereits wesentlich erfolgreicher verliefen. Die Schwimmer waren zwischenzeitlich durch Prof. Prandtl in der Modell-Versuchsanstalt der Motorluftschiff-Studiengesellschaft (MVA) in Göttingen aerodynamisch im Wasserkanal optimiert worden. Bei diesen Wettbewerben stand erstmalig Ernst Heinkel als Chefkonstrukteur der Albatros-Flugzeugwerke im Licht der Öffentlichkeit. Der nach Heiligendamm zweite große offizielle Wettbewerb an der See wurde für August 1914 in Warnemünde angesetzt. Jedoch hatte er keine Chance, beendet zu werden, der Kaiser erließ am 1. August den Mobilmachungsbefehl, Deutschland befand sich im Krieg. Auf Initiative des sehr aktiven Förderkreises Luft- und Raumfahrt Mecklenburg-Vorpommern wurde vor einiger Zeit in Heiligendamm eine Gedenktafel für das Ereignis von 1912 angebracht.

18 Heringsdorf – Warbirds über den Kaiserbädern

Ganz im Nordosten Deutschlands und in unmittelbarer Nähe zur polnischen Grenze liegt einer der frühen Flugplätze Deutschlands, der Flughafen Heringsdorf, bei den Militärs auch unter dem Namen Garz bekannt. Die Nähe zur Ostsee und zu den Boddengewässern, zu den Kaiserbädern auf Usedom, zu Swinemünde und zu Stettin machte und macht die Lage so attraktiv. Heute ist die „Erlebniswelt Hangar 10“ am Flugplatz nicht nur für den Luftfahrtfan ein Highlight. Bereits ab 1911 flogen hier die „Rumplertauben“ des kaiserlichen Heeres, ab 1919 wurde der damals Swinemünde zugeordnete Flugplatz regelmäßig im Liniendienst angeflogen, der vor allem Bade- und Kurgäste an die mondänen Strände beförderte.

Wie auch anderorts nahm ab 1935 die neue Luftwaffe das Gelände in Besitz und stationierte unterschiedliche Verbände, ausgerüstet mit Me 109, Me 110 und Fw 190. Nach der Befestigung und Erweiterung der Bahnen waren diese auch für zwei- und viermotorige Kampfflugzeuge wie die Dornier Do 217, die Heinkel He 111 und He 177 geeignet. Unzerstört wurde der Platz am 5. Mai 1945 von Einheiten der Roten Armee besetzt. Diese stationierten hier nahezu nahtlos Jagdflieger- und Schlachtfliegerregimenter, aber auch Panzertruppenteile. Ab 1960 wurde der Flugplatz zur Ausbildung für Transportflieger der Nationalen Volksarmee (NVA) genutzt, in den Jahren danach folgten in Abständen verschiedene Jagdgeschwader, vor allem dann, wenn an deren Heimatplätzen Baumaßnahmen keinen Flugbetrieb zuließen.

1962 begann ein recht umfangreiches Modernisierungsprogramm, welches den Bau einer neuen Start- und Landebahn wie auch von Rollbahnen einschloss. Hintergrund war das Vorhaben der Lufthansa Ost (ab 1963 Interflug), Heringsdorf im Linienverkehr anzufliegen. Es erfolgte in der Sommersaison der Einsatz von Iljushin Il-14 und An-24, die die Verbindungen mit den Flughäfen Schönefeld, Dresden, Erfurt und Leipzig bedienten. 1964 wurde sogar eine 25-minütige Verbindung nach Barth angeboten. Aufgrund der Ölkrise, die auch um die DDR keinen Bogen machte, wurde Heringsdorf 1979 wieder aus den Flugplänen gestrichen, nur die Linie nach Prag bediente drei Jahre lang noch eine Iljushin Il-18. Bis 1989 wurde der Flugplatz auch von der NVA genutzt, die alle erforderlichen militärischen Einrichtungen für die Flugleitung und -sicherung installierte und betrieb.

Ab 1993 wurde eine Grundsanierung vorgenommen, sodass in nunmehr ausschließlich ziviler Nutzung auch für wenige Jahre ein Charterverkehr zu Urlaubszielen in der Türkei und in Tunesien möglich wurde. Im Jahr 2000 wurde der Linienverkehr zu innerdeutschen Zielen, ab 2010 zu europäischen Zielen aufgenommen. Eine besondere Attraktion ist die „Erlebniswelt Hangar 10“, in der der Unternehmer Volker Schülke seinen Traum verwirklicht hat: ein Museum mit historischen Jagdflugzeugen vor allem des Zweiten Weltkrieges, die alle flugfähig gehalten werden und von denen einige einen Mitflug ermöglichen, obwohl finanziell anspruchsvoll. Wenn auch die

Doppeldecker Antonow An-2 der Interflug. Dieser Typ wurde auch für Rundflüge mit Passagieren von Barth und Heringsdorf aus eingesetzt (1964).

Person Volker Schülkes (Spitzname „Bäckerkönig“) nicht unumstritten war, hat er doch einen Anziehungspunkt für Familien geschaffen. Er ist mit einem seiner Flugzeuge am 2. August 2020 tödlich verunglückt.

19 Husum – Interessante Beute für die Alliierten

In Husum fasste die Luftfahrt erst recht spät Fuß, und zwar bei der Wiederaufrüstung in den 1930er-Jahren. Obwohl sich 1931 eine kleine Gemeinde von Enthusiasten zusammenfand, die die Einbindung Husums in das Liniennetz der Luft Hansa anstrebte und zu diesem Zweck einen kleinen privaten Platz am Galgenberg betrieb, blieb das Vorhaben eine wirtschaftlich nicht tragfähige Illusion. Anders als vorgesehen lagen nur vier Jahre später die Pläne für den Bau von 26 (!) Luftwaffenplätzen in Schleswig-Holstein im Reichsluftfahrtministerium vor, von denen zwei für Husum geplant waren, einer auf dem vorhandenen Gelände in Schauendahl nördlich der Stadt, der zweite für Schwesing im Osten Husums.

Die Arbeiten wurden gleichzeitig aufgenommen, im Fall Schwesing jedoch bald eingestellt, die Anlage diente während des Krieges als Scheinflugplatz. Schauendahl dagegen wurde ab 1939 großzügig ausgebaut und erhielt drei befestigte Start- und Landebahnen, die für alle Typen der Luftwaffe geeignet waren. Besondere Bedeutung erlangte der Platz ab 1942/43, als die Einflüge alliierter Bomberverbände

Generalleutnant a. D. Hans-Werner Jarosch bei seiner Rede zum 60. Jahrestag der Gründung der FlaRaktruppe auf dem Marktplatz in Husum (3.9.2019).

Bereits mit britischen Hoheitszeichen versehen – ein zum Abtransport bereitstehender Düsenjäger Messerschmitt Me 262 auf dem Flugplatz Husum-Schwesing (1945).

in das Reichsgebiet an Häufigkeit deutlich zunahmen. Es wurden vor allem Jagdflugzeuge der Jagdgeschwader JG 1, 2 und 11 stationiert, später auch der JG 300 und 400.

Am Kriegsende fanden die britischen Truppen etwa 190 Flugzeuge verschiedener Typen vor, darunter 30 Raketenjäger Me 163, die von hier aus nicht mehr zum Einsatz gekommen waren. Wie auch in Leck überführten die Briten eine große Zahl der vorgefundenen Flugzeuge zur technischen und fliegerischen Auswertung nach England. Nach einer kurzen Nutzung durch die Royal Air Force wurde der Platz zerstört, Gebäude wurden zum großen Teil demontiert, vieles ging in zivile Nutzung über.

Obwohl Schwesing nur Scheinflughafen war, erlangte das Gelände beim Aufbau der Bundeswehr eine neue Bedeutung. 1958 begann der Aufbau des neuen Fliegerhorstes Husum der Bundesluftwaffe, ein Jahr später stellte der damalige Inspekteur Josef Kammhuber, ein ehemaliger Luftwaffengeneral, das spätere Jagdbombergeschwader JBG 41 in Dienst. Das Geschwader entstand aus der Zusammenlegung des JBG 35 und des Leichten Kampfgeschwaders LKG 41, aufgestellt in Faßberg und Nörvenich. Anfänglich ausgerüstet mit der amerikanischen F-84F „Thunderstreak“, wurden in der Folge die italienische Fiat G-91 und danach die deutsch-französische Entwicklung Alpha-Jet eingesetzt. Seit der Auflassung des Platzes infolge der Umgliederung der Luftwaffe (Struktur 4) im Jahr 1993 steht der Flugplatz teilweise als Verkehrslandeplatz der zivilen Fliegerei wie auch dem Luftsport zur Verfügung. Auf einem Teil ist die FlaRakgruppe 26 mit dem Waffensystem Patriot stationiert.

20 Jagel – Die Marine hebt ab

Der Fliegerhorst Jagel hatte schon vor 1945 unter dem Namen Schleswig-Land (Nr. 40) eine fliegerische Vergangenheit. Ab Februar 1948 lag der Flugbetrieb für zehn Jahre in den Händen der Royal Air Force. In dieser Zeit lautete die Bezeichnung des Platzes RAF Schleswigland. Bereits als Trainingsplatz für Transportflugzeuge genutzt, erfolgte seine zeitweilige Einbindung in die Luftbrücke (RAF-Codename „Operation Plainfare“). Es flogen von hier aus nicht nur Handley Page „Hastings“ verschiedener Staffeln, sondern auch Flugzeuge ziviler Betreiber, wie z. B. „Lancaster“ eines britischen Unternehmens, die für den Treibstofftransport umgerüstet waren. Am 6. Oktober 1949 fand der letzte Luftbrückenflug statt. Zwei Jahre später begann ein neues Kapitel, als kanadische Luftlandeeinheiten ihre „Dakota“, so wurde die legendäre DC-3 bei der RAF bezeichnet, und ihre

Die Techniker der deutschen Luftwaffe wurden als „schwarze Männer“ bezeichnet. Hier bei der Wartung einer frühen Ausführung eines Kampfflugzeugs Heinkel He 111 des Löwengeschwaders (um 1937).

Airspeed „Horsa“-Lastensegler auf diesen Platz verlegten. Diese Einheiten waren vor allem durch ihre Teilnahme an den alliierten Operationen in der Endphase des Krieges („Market Garden“ im September 1944 und „Varsity“ im März 1945) bekannt geworden.

Kaum bekannt hingegen ist die Stationierung norwegischer Einheiten („Tysklandbrigade“) von 1947 bis 1953 auf den beiden Schleswiger Plätzen. Hauptnutzerin war aber bis 1957 die RAF, die zum Schluss noch mit „Mosquitos“ (Target Tug) Zieldarstellung flog. Am 1. Mai 1958 wurde der Platz durch die britische Seite vollständig an die damals so bezeichnete Bundesluftwaffe übergeben. Die Ära der Fliegerei mit dem Eisernen Kreuz als Hoheitszeichen begann in Jagel am 22. Juli 1958, als die ersten acht Bundesmarine-Jagdflugzeuge „Sea Hawk“ der 1. Marinefliegergruppe Schleswig-Jagel hier landeten. Acht Tage später folgten die ersten U-Jagdflugzeuge des ebenfalls britischen Typs „Fairey Gannet“. Unter Führung von Korvettenkapitän Werner Klümper wurde die Gruppe im Jahr 1959 in 1. Marinefliegergeschwader (MFG1) umbenannt. Klümper war im Zweiten Weltkrieg Kommodore des Torpedofliegergeschwaders KG 26 gewesen, das als „Löwengeschwader“ bekannt war, da es einen Löwen und den Spruch „Vestigium Leonis“ („Spur des Löwen“) als Wappen führte. Im September 1963 folgte der bekannte F-104 G „Starfighter“ als eine der fliegerischen Komponenten der Bundesmarine auch in Jagel, vorerst aber noch ohne Flugbetrieb. Dieser begann mit der F-104 G, nunmehr im MFG1, erst im Januar 1964. Am 28. Oktober 1981 endete die insgesamt recht erfolgreiche und für Jagel relativ verlustarme Starfighter-Ära mit insgesamt 132.000 Flugstunden. Ab 1982 kam das System MRCA „Tornado“ zum Einsatz. Bis 1989 wurden damit 50.000 Flugstunden erreicht.

Mit dem Zusammenbruch des Warschauer Paktes zeichnete sich eine Veränderung der Militärdoktrin der NATO ab, welche auch Jagel betreffen sollte. Die folgenden Jahre brachten erhebliche Veränderungen, darunter auch die Auflösung der beiden Geschwader 1 und 2 (Eggebek), die zunächst in einem zusammengeführt wurden. Aber auch das war rasch Geschichte – 1994 wurde das nunmehrige Luftwaffen-Aufklärungsgeschwader AG51 „Immelmann“ einsatzbereit, Jagel war kein Marinestandort mehr. Schon ein Jahr später erfolgte der erste Kriegseinsatz der Bundesrepublik, indem „Recce-Tornados“ des AG51 von ihrer zeitweiligen Basis im italienischen Piacenza aus über Bosnien zum Einsatz kamen. Im September 2013 wurde das Geschwader umstrukturiert und erhielt die neue Bezeichnung Taktisches Luftwaffengeschwader 51 unter Beibehaltung seines Namens. Dieses Geschwader ist damit der einzige Verband der Luftwaffe, der in der Lage ist, mit bemannten und unbemannten Luftfahrzeugen Aufklärung zu fliegen. Zusätzlich hat das Geschwader zwischenzeitlich die Fähigkeit erlangt, eine gegnerische bodengebundene Luftverteidigung niederzuhalten, und es ist darüber hinaus befähigt, Seekrieg aus der Luft zu führen. Die Aufklärungsfähigkeiten wurden mit Tornados und Drohnen auch im Afghanistan-Einsatz demonstriert.

21 Kiel – Luftschiffer und Flieger über der Förde

Die ersten Luftfahrtaktivitäten in Kiel müssen der Ballonfahrt zugesprochen werden (1876 C. Schulz mit der Schwedin Erikson als Passagier). Auch die frühen Versuche der Brüder Bruno und Franz Steffen aus Kronshagen mit ihrem Luftschiff Kiel 1 (Kilia 1) sind dazuzuzählen. Zum ersten öffentlich gezeigten Flug in Deutschland stieg der Däne Jacob Christian Hansen-Ellehammer am 28. Juni 1908 in der Stadt an der Förde auf. Das Triebwerk aus eigener Konstruktion mit einer Leistung von 18 PS war der weltweit erste Sternmotor.

Erfolgte diese Veranstaltung noch auf einem Sportfeld, versuchten die Brüder Steffen, sich zunehmend auf das Flugzeug orientierend, einen für die Luftfahrt geeigneten Platz zu finden. Dieser fand sich im Nordwesten von Kronshagen und nahm 1911 mit allen erforderlichen Einrichtungen den Betrieb auf. Der Beitritt des Bruders von Kaiser Wilhelm II., des Prinzen Heinrich von Preußen, Admiral der Kaiserlichen Flotte, zum Schleswig-Holsteinischen Fliegerklub Kiel im Februar 1911 sollte die fliegerische Entwicklung der Stadt nicht unerheblich befördern. Die Steffens arbeiteten dafür auch im Vereinsvorstand mit. Der Flugplatz wurde aber noch vor Ausbruch des Krieges liquidiert, Zwistigkeiten mit der Stadt Kiel und der Gemeinde Kronshagen hatten daran ihren Anteil. Der Krieg änderte die Lage einschneidend.

Die Brüder Steffen wirkten weiter für die Luftfahrt, allerdings nicht mehr in Kiel, sondern in Neumünster und Berlin. Hatten sie bereits in Kronshagen erste Flugzeugkonstruktionen entwickelt und geflogen, so wurden sie, beide Frontflieger, recht schnell wieder an das Reißbrett zurückbeordert. Bei den Siemens-Schuckert-Werken in Berlin entwickelten sie das Großflugzeug SSW-R und führten die Werksflüge auf dem Flugplatz Neumünster durch. Die weitere Entwicklung in Kiel, wie konnte es auch anders sein, wurde zunehmend durch die Marineleitung beeinflusst, war die Stadt neben Wilhelmshaven doch einer der beiden Stationierungsorte der Hochseeflotte. So nahmen im Schleswig-Holsteinischen Verein für Motorluftschiffahrt in der Nordmark hohe Marineoffiziere leitende Positionen ein. Der Verein initiierte eine Reihe von Luftschiffaktivitäten und fliegerischen Veranstaltungen, die Kiel deutschlandweit einen hohen Bekanntheitsgrad verschafften.

Nach dem Krieg wurde ab 1925 das Problem der Anbindung der Stadt an den nicht nur nationalen Linienflugverkehr immer drängender. Da sie Marine- und Werftstandort war, standen auch erhebliche wirtschaftliche Interessen dahinter. Allerdings wurden noch alle Luftfahrtaktivitäten auf dem Nordmarksportplatz betrieben, und die Frage der Einrichtung eines neuen Flugplatzes stand auf der Tagesordnung. Nachdem die Marineflieger sich schon 1913 auf einen Standort am Ausgang des Kaiser-Wilhelm-Kanals, des heutigen Nord-Ostsee-Kanals, in Holtenau festgelegt hatten (der Platz wurde mit dem Erdaushub des Kanalbaus aufgefüllt), entschied sich die Stadt nach einem jahrelangen, auch juristischen

Diese Luftkarte stammt aus dem Jahr 1931 und zeigt beide Kieler Flugplätze, der Landflugplatz ist rot markiert und mit Hinweisen versehen.

Streit im Jahr 1926 für das Oberland in Holtenau. Der Linienflugverkehr konnte am 23. April 1928 mit der Landung einer Maschine aus Hamburg aufgenommen werden.

Die militärische Nutzung des Platzes im Zweiten Weltkrieg unterschied sich kaum von der anderer Fliegerhorste der Luftwaffe, wobei nennenswerte Aktivitäten nur in den ersten Kriegsjahren zu verzeichnen waren. Nach dem Krieg wurde der Platz unter militärischer Mitnutzung mehrere Male modernisiert, der Linienverkehr allerdings im Oktober 2006 endgültig eingestellt. Ein Bürgerentscheid stimmte 2018 mit deutlicher Mehrheit für die Erhaltung des Verkehrslandeplatzes an der Bundesstraße 503.

22 Kiel – Luftfahrt am Kanal

Ein ganz besonderes Kapitel der Kieler Luftfahrtgeschichte haben bis 2012 die Marineflieger geschrieben. Bereits frühzeitig hatte die Marineleitung 1910 beschlossen, erste Versuche mit Flugzeugen durchführen zu lassen. Zu diesem Zweck wurde ab 1911 in Putzig (heute Puck in Polen) die erste Seeflugstation in Betrieb genommen. Das in Kiel gebaute Fritzsche-Rumpler-Flugzeug mit der Kennung E-1 war das erste dort eingesetzte Marineflugzeug. Zuvor hatte am 18. Juni 1911 der heute als die Geburtsstunde der deutschen Marinefliegerei bezeichnete Flug desselben Apparats mit Marine-Oberingenieur Carl Loew am Steuer von Sonderburg nach Kiel stattgefunden, der erste Überseeflug Deutschlands.

Die E-1 sorgte weiter für Furore. Sie wurde auf dem Seeweg in die damalige deutsche Kolonie Tsingtau überführt und war neben dem Apparat von Gunther Plüschow das einzige Flugzeug am Ort. Allerdings wurde die E-1 bei einem

Luftbild des Seeflugstützpunkts der Kaiserlichen Marine nördlich des Kanals im Ersten Weltkrieg (um 1916).

misslungenen Startversuch vollkommen zerstört. Im Jahr 1913 wurden weitere Seeflugstationen in Betrieb genommen, darunter die in Kiel-Holtenau. Sie entstand mit Erdaushub vom Bau des Kaiser-Wilhelm-Kanals nördlich von dessen Einmündung in die Förde auf der Halbinsel Voßbrook. Neben Putzig sollte nur noch Holtenau als zweite Marinefliegerstation der Kaiserlichen Marine fungieren. Der rasche Ausbau der fliegenden Komponenten der Marine, der Luftschiffe und der Flugzeuge, führte nicht nur zum weiteren Ausbau des Stationsnetzes, sondern auch dazu, dass die Station Holtenau bereits im Januar 1914 den Status einer Leitstation für die westliche Ostsee erhielt. Zudem erhielt Fregattenkapitän Gygas den Auftrag, die Station Putzig im Juni nach Holtenau zu verlegen. Damit verfügte die 1. Seefliegerabteilung in Holtenau (die 2. lag in Wilhelmshaven) über 35 Flugzeuge unterschiedlichster Typen (u. a. auch englische, amerikanische und österreichische) und einen Personalbestand von 28 Offizieren und 181 Unteroffizieren und Mannschaften. Die Aufgaben im Krieg bestanden in der Aufklärung und Überwachung des Kleinen und Großen Belts und in der Schulung von Besatzungen. Zunehmend wurden auch Waffenerprobungen durchgeführt. Ein Großbrand im Februar 1918 wirkte sich recht einschneidend auf die Erfüllung des Aufgabenspektrums aus. Nach den umfangreichen militärischen Aktivitäten im Krieg und den Auswirkungen infolge der revolutionären Ereignisse fiel die Station ab 1919 unter die Bestimmungen des Versailler Vertrages, Flugzeuge und Gerät wurden weitgehend zerstört.

Bei der noch getarnten Wiederaufrüstung wurde 1926 die als zivil deklarierte „Seeflugzeug-Versuchs-Abteilung" SEVERA gegründet, die auch in Holtenau ihre Aktivitäten entfaltete. Das gesamte Fluggelände wurde in der Folgezeit intensiv genutzt und ab 1935 großzügig für die Belange der Luftwaffe und der Kriegsmarine ausgebaut. Der Seefliegerhorst bekam im Verlauf des Krieges eine deutlich höhere Wertigkeit als der Landflugplatz. Allein die Funktion des Seefliegerhorstes als Luftpark 6 (See), verantwortlich für Wartung, Ausrüstung und Betrieb aller Seefliegerstaffeln an allen Fronten, unterstreicht dies, wie auch das dort befindliche Seenot-Flugkommando. Anfang Mai 1945 besetzten britische Truppen beide Flugplätze.

Mit dem Aufbau der Bundeswehr ab 1956 wurden die Aktivitäten der Marineflieger wiederbelebt, wenn auch zunächst noch auf einem niedrigen Level. Am gesamten Standort begann bereits im Juli 1956 der Aufbau des Kommandos der Marineflieger, das in das ehemalige Stabsgebäude einzog. Flottillenadmiral Helmut Mahlke, ein ehemaliger erfahrener Stuka-Flieger, meisterte die schwierige Anfangsphase. Als erste Einheit stellte er die Marine-Seenotstaffel in Dienst, der auch die Schul- und Transportflugzeuge zugeordnet waren. Im Sommer 1958 folgten im nunmehr so bezeichneten Marinefliegergeschwader 5 (MFG5) die ersten Hubschrauber vom Typ Sycamore, ab 1963 die Sikorsky H-34 G (S-58). Danach kam ab 1975 der Hubschrauber Sea King, der noch heute ständig modernisiert im Einsatz ist. Die „engste" Verbindung zum Element Wasser hatten wohl die Amphibienflugboote Grumman HU-16 „Albatros", die sowohl auf dem Wasser als auch auf dem Land starten und landen konnten. Das Marine-Hubschraubergeschwader MHG-18 der ehemaligen Volksmarine der DDR wurde im Februar 1991 zumindest teilweise und zeitweilig in den Bestand des MFG5 integriert. Ab Sommer 2012 wurde das MFG5 im Zug der Umstrukturierung nach Nordholz verlegt und betreibt seitdem alle Hubschrauber der deutschen Marine.

23 Laage – Zwei „Platzhalter" an der Autobahn

Im Gegensatz zu vielen anderen hier erwähnten Standorten ist der Flugplatz Laage relativ jung, dabei ist er von erheblicher Bedeutung. Als Kind des Kalten Krieges ging er erst 1984 in Betrieb, um die modernen Jagdbombenflugzeuge der NVA vom Typ Suchoj Su-22 aufzunehmen. Anfangs geschah das für das Jagdbombenfliegergeschwader JBG-77, nur wenig später auch für das Marinefliegergeschwader MFG-28, eine Novität in der DDR.

Mit der deutschen Einheit ging der Flugplatz in die Verfügung der Bundesluftwaffe über. Heute nutzen zwei Verbände den Platz, das Taktische Luftwaffengeschwader 73 „Steinhoff" und die Waffenschule der Luftwaffe, beide ausgerüstet mit dem Eurofighter „Typhoon". In den Anfangsjahren waren auch die von der NVA übernommenen und später an Polen übergebenen MiG-29 im Einsatz. Für Deutschland einmalig war die Inbetriebnahme des zivilen Flughafens Rostock-Laage am selben Ort, damit einhergehend die gemeinsame Nutzung der Start- und Landebahn mit den entsprechenden Anflugsystemen. Die zivile Geschichte war wie auch an einigen anderen Standorten jener Zeit von sehr viel Unruhe gekennzeichnet, die ursprünglich angestrebte Stabilität und die kontinuierliche Entwicklung erwiesen sich als Illusion. War zunächst der innerdeutsche Linienverkehr eine erfolgversprechende Option, so gewann zunehmend der Ferienflugverkehr an Bedeutung. Die anfängliche Euphorie, hervorgerufen durch den Reisedrang der Bevölkerung vor allem der Bundesländer Mecklenburg-Vorpommern und Brandenburg, wich der Ernüchterung.

Große Hoffnungen, die jedoch recht schnell begraben werden mussten, verbanden sich auch mit der Vorbereitung der Produktion des Airbus A3XX (A380). Bereits im Januar 1998 bewarb sich Rostock mit seinem Flughafen um den Endmontagestandort für das Flugzeug. Ein Jahr später wurde das Projekt vom Schweriner Bauministerium bestätigt.

Bundesregierung und Airbus favorisierten jedoch Toulouse und Hamburg als Endmontagewerke, obwohl dafür die Flugbetriebsflächen bei Hamburg-Finkenwerder unter schweren Eingriffen in die Umwelt (z.B. die Zuschüttung des Mühlenberger Lochs) erheblich erweitert werden mussten. Der geeignetere Standort Laage fand keine Berücksichtigung, eine Chance für die Region und die neuen Länder insgesamt war vergeben.

Die weitere Entwicklung wurde besonders durch das zunehmende Interesse der Reedereien der Kreuzfahrtliner bestimmt. Der Passagieraustausch für die Warnemünde anlaufenden Schiffe fand zunehmend über Laage statt. Allerdings gingen einige Airlines, die Laage nutzten, 2019 in Insolvenz, der Flughafen geriet in schwere Turbulenzen, obwohl der Schulungsbetrieb der Lufthansa zwischenzeitlich von Bremen nach Laage verlegt worden war. Die Benennung des Terminals nach dem Triebwerkskonstrukteur Pabst von Ohain war eine Reminiszenz an die Geschichte der Region, genauso wie die Präsentation der Nachbildung der Heinkel He 178, des ersten strahlgetriebenen Flugzeuges der Welt, im Terminal.

Ein Eurofighter „Typhoon" des TLG 73 „Steinhoff" hebt ab zur Teilnahme an der NATO-Mission Air Policing Baltikum.

24 Nachtflug im Norden – Über Straßen aus Licht

Am 6. Januar 1926 wurde im Berliner Hotel „Kaiserhof" die Luftverkehrsgesellschaft Deutsche Luft Hansa AG aus den Vorläufergesellschaften Deutsche Aero Lloyd und Junkers Luftverkehr AG gegründet. Bereits damals ging es wie noch heute besonders um Fragen der Auslastung des Fluggeräts und der Verringerung von Standzeiten am Boden. Das zu diesem Zeitpunkt vorhandene Fluggerät hatte bereits einen solchen technischen Stand erreicht, dass Zuverlässigkeit und Sicherheit für Insassen und Gerät weitestgehend gewährleistet werden konnten. Allerdings beschränkten sich der Einsatz wie auch das Handling am Boden bisher auf Zeiten zwischen Morgen und Abend. Um wirtschaftlicher rund um die Uhr fliegen zu können, war die Idee entstanden, die Voraussetzungen für Nachtflüge zu schaffen.

Bereits 1924 hatte man mit einer Reihe von Versuchen für den Nachtflugbetrieb begonnen. So wurden auf der etwa 140 Kilometer langen Strecke von Berlin-Staaken nach Stettin im Abstand von etwa 30 Kilometern Scheinwerfer aufgestellt. Dann wurden auf der Strecke nach Hamburg elektrische Drehfeuer installiert und beleuchtete Notlandeplätze eingerichtet. Die Piloten, die in diese Versuche eingebunden waren, verfügten als alte Hasen über Erfahrungen mit nächtlichen Flügen aus dem Weltkrieg. Das erste dafür eingesetzte zivile Flugzeug war eine Junkers A 20, als Novum war die erste Verwendung der aus der Schifffahrt übernommenen roten und grünen Positionslichter zu verzeichnen. Die Ergebnisse der Versuche führten zur Übernahme der gesammelten Erfahrungen in den allgemeinen Flugbetrieb. Dem mussten der Ausbildungsstand der Piloten und die Sicherstellung des Betriebs am Boden genauso entsprechen wie die Gerätetechnik.

Die Verantwortung für den regelmäßigen Nachtflugbetrieb ab 1926 übernahm als erster Nachtflugleiter der Luft Hansa (Schreibweise bis 1933) der bekannte Ozeanflieger Hermann Köhl. Unter Führung der beauftragten Firmen Siemens AG und Pintsch Bamag AG wurde als erste Strecke die von Berlin nach Königsberg mit Drehleuchtfeuern ausgerüstet. Diese befanden sich im Abstand von 25 bis 35 Kilometern (je nach Bodenprofil) auf der Strecke und zeigten dem Piloten praktisch eine Lichterstraße an, der entlang er zu fliegen hatte. Das bedingte eine anspruchsvolle Blindflugausbildung des Flugpersonals, andererseits eine Nachtflugbefeuerung der Landeplätze und die Installation von Ausrüstung an den Flugzeugen selbst, wie z.B. von Positionslichtern und Landescheinwerfern. Anfänglich wurden für die Streckenfeuer noch Gasleuchten verwendet. Nur kurze Zeit später erfolgte die Umstellung auf elektrischen Strom, in günstigen örtlichen Lagen mittels oberirdischer Kabelverlegungen, an ungünstigen Standorten mit Siemens-Notstromaggregaten. Die Nachtflugbefeuerung war ein unvermeidbarer Zwischenschritt, weil der Einsatz der Funknavigation an Bord noch in den Anfängen lag.

Bis Ende der 1920er-Jahre erfolgte ein rascher Ausbau des Liniennetzes für

Eines der ersten Leuchtfeuer für die Luftfahrt, rechts der Anschluss an die Stromversorgung.
Die späteren Leuchtfeuer waren auf Stahlmasten montiert (um 1930).

den Nachtflug. Von Berlin aus wurden die Hauptstrecken u.a. nach Hamburg und Königsberg sowie die Abzweigungen nach Bremen, Stettin, Danzig und Stolp beflogen. Das beleuchtete Liniennetz wurde auch über die deutschen Grenzen hinausgeführt, sodass auch Großbritannien, Belgien, Frankreich, die Niederlande, die Schweiz, Norwegen und Estland nachts angeflogen werden konnten. Vom Flughafen Hamburg aus wurde die Installation von Leuchtfeuern über die Landesgrenze hinweg weitergeführt. Das letzte Feuer war Marienleuchte auf der Insel Fehmarn in Richtung Kopenhagen, Malmö und Stockholm. Die Strecken in Skandinavien wurden mit modernen Befeuerungseinrichtungen versehen, die im Gegensatz zu den Einrichtungen in Deutschland teilweise nicht nur heute noch vorhanden, sondern auch noch in unterschiedlicher Funktion aktiv sind. Nicht zu vergessen ist die Einrichtung umfangreicher Befeuerungen unterschiedlicher Zweckbestimmung auf den Flugplätzen selbst. Auch als 1930 international durch die CINA (Commission Internationale de Navigation Aérienne) festgelegt wurde, dass alle Flugzeuge ab zehn Passagieren Beförderungskapazität Funkanlagen zu führen hatten, blieben die Nachtflugbefeuerungen bis 1939 in Betrieb, wenn auch ihre Bedeutung mehr und mehr nachließ. Erst mit Kriegsausbruch wurden alle Streckenbefeuerungen außer Betrieb genommen, um bei Feindeinflügen keine Orientierungshilfe zu geben.

25 Nordseeinseln – Fünf Minuten Blick aufs Watt

Es liegt in der Natur der Sache, dass Inseln entweder durch Brücken, Tunnel, mittels Fähren oder mit Flugzeugen an das Festland angebunden sind. Eher ungewöhnlich ist es aber wohl, wenn wie im Fall der deutschen Nordseeinseln das Flugzeug eine Verkehrsverbindung über kurze Entfernungen von nur wenigen Kilometern herstellt. Eine der hier tätigen Gesellschaften warb mit dem Slogan, die kürzeste Fluglinie der Welt zu betreiben.

Wenn dies auch nicht ganz stimmt, interessant ist es doch – und spektakulär ist auch die Nutzung dieser Möglichkeit. Die Geschichte dieses Flugbetriebes, der den Verkehr nicht nur vom Festland aus bewerkstelligt, sondern auch zwischen den Inseln untereinander und bis Helgoland, ist von einigen Brüchen gekennzeichnet. Zumindest vier Gesellschaften dominierten das Geschäft, zwei davon sind heute noch tätig, aber in einer Gesellschaft fusioniert. Bereits in den 1920er-Jahren flog eine Reihe deutscher und ausländischer Fluggesellschaften zu den Nordseeinseln. Auch Marine und Luftwaffe nutzten bis 1945 mehrere der Inselflugplätze.

Der erhebliche Bedarf, nicht nur im Urlauberverkehr unkompliziert und schnell die Inseln zu erreichen, führte im November 1958 zur Gründung der Ostfriesischen Lufttaxi – Dekker und Janssen OHG mit Sitz in Emden, die sich 1972 in Ostfriesische Lufttransport GmbH (OLT) umbenannte. Die rasche Expansion mit einer starken Ausweitung des Liniennetzes vor allem nach der Wiedervereinigung schien das Konzept zu bestätigen. Aus heutiger Sicht dürfte die Anschaffung unterschiedlicher und immer größerer Typen bis hin zum Düsenflugzeug (Fokker 100) eine wesentliche Ursache dafür gewesen sein, dass ab 2011 die Probleme anwuchsen. Wechselnde Eigentümer konnten 2013 die Einstellung des Flugbetriebs aus wirtschaftlichen Gründen nicht mehr vermeiden. Seitdem führt die Ost-Friesischer Flugdienst GmbH (OFD) das Kerngeschäft von Emden aus weiter.

Die zweite große Gesellschaft konzentrierte sich mit eigentlich nur zwei Flugzeugmustern – neben den Cessnas waren das die robusten und zuverlässigen Britten-Norman BN-2 „Islander" – auf das Hauptgeschäft, die Verbindungen zwischen dem Flugplatz Harle und den Inseln und im Bedarfs- und Charterverkehr nach Helgoland und bis nach Fehmarn. Dies geschah durch die Luftverkehr Friesland Harle Brunzema und Partner KG (LFH), gegründet im Jahr 1983. Seit 2002 wurde der geschützte Begriff „Inselflieger" zum Markenzeichen für diese Art Luftverkehr. Nicht nur für den luftfahrtgewöhnten Passagier ist und bleibt es eine Besonderheit, diese ursprüngliche direkte Art des Fluges hautnah mit dem Piloten zu erleben und z.B. in fünf Minuten nach Wangerooge zu gelangen.

Ungewöhnlich waren der Einsatz von zwei Maschinen im Winter in Estland von 2006 bis 2014, die Kontrollflüge für den Umweltschutz und die Beförderung von Kinofilmen zwischen den Inselkinos. Ab 2011 stieg die 1969 gegründete und in Norddeich beheimatete Firma Frisia-Luftverkehr GmbH (FLN) als Mitgesellschafterin bei der LFH ein und führt seit 2014 den

Werbeplakat für die Nutzung der Fluglinien zu den deutschen Seebädern (um 1928).

Betrieb zwar allein, von der Ausrichtung her aber unverändert fort. Mit insgesamt 15 Flugzeugen werden jährlich 120.000 Passagiere von den Standorten Norddeich und Harle aus im Linien- und Charterverkehr befördert. Der Markenname „Inselflieger" bleibt so auch weiterhin als zugkräftiges Aushängeschild und als Synonym für ein fliegerisches (und finanziell erschwingliches) Erlebnis erhalten.

26 Nordholz – Scharoun im hohen Norden

Ein sehr zu empfehlender Besuch des Aeronauticums in Nordholz bei Cuxhaven ist sinnvollerweise mit der Information über dieses Museum im Internet vorzubereiten. Mittels Link www.aeronauticum.de finden sich dafür alle wissenswerten Angaben. Das Museum behandelt ausführlich und sehr informativ die gesamte Entwicklung der deutschen Luftschiff- und Marinefliegerkräfte von den Anfängen bis heute. Sonderausstellungen zu unterschiedlichen Themen bereichern zusätzlich das Angebot.

Zurückzuführen ist diese eindrucksvolle Präsentation auf private Sammlungen von aktiven und ehemaligen Marinefliegern wie auch -luftschiffern. In den 1980er-Jahren nahm die Idee Gestalt an, als sich die „Marine-Luftschiffer-Kameradschaft Hamburg von 1924“ für eine öffentliche Präsentation starkmachte und mittels Spenden sowie mit Unterstützung der Gemeinde, des Marinefliegergeschwaders sowie des Wehrbereichs im Jahr 1991 in ein kleines Gebäude an der Landstraße einziehen und in vier Räumen diese Geschichte ausstellen konnte. Aufgrund der Fülle des Materials war dies nur eine Zwischenlösung. Es ergab sich eine günstige Gelegenheit zur Erweiterung der Sammlung in Nordholz, indem das Bremerhavener Schifffahrtsmuseum im Rahmen einer Umplanung seine „Bootshalle“ – Entwurf Hans Scharoun – anbot. Mithilfe der Heerespioniere und der Heeresflieger gelang die Umsetzung der Halle an den neuen Standort in Nordholz. Dass es in der Folge letztendlich zehn Jahre dauern und viele Nerven kosten sollte, um die Forderungen des Bundesrechnungshofes weitgehend ad acta legen zu können, ahnte damals niemand. 1997 konnte der Neubau feierlich eröffnet werden. Bis heute wurde das Museum mehrmals erweitert.

Auf 36.000 Quadratmetern Freifläche und etwa 2.000 Quadratmetern Gebäudefläche spiegeln Tausende von Exponaten die Geschichte der Marinefliegerei und der Marineluftschiffe wider. Im Freien dokumentieren, teilweise begehbar, 18 Großexponate der Marineflieger der Bundesrepublik und der DDR die Entwicklung nach 1945. Ein sehr interessantes Exponat befindet sich in einer eigenen Halle, ein Bordflugzeug Arado Ar 196 des Schweren Kreuzers „Prinz Eugen“, dessen maritime Laufbahn als Versuchsobjekt während der Atombombenversuche im Bikini-Atoll endete. Die Arado wird restauriert, um den damaligen Entwicklungsstand der Technik zu dokumentieren. In der großen Ausstellungshalle werden vor allem die Technik und der Einsatz der Marineluftschiffe im Ersten Weltkrieg, insbesondere von Nordholz aus, präsentiert wie auch Marinefliegerkräfte vom Anfang bis heute. Shop und gastronomische Versorgung sind Bestandteil der Präsentation, etwa 30.000 Besucher pro Jahr beweisen das öffentliche Interesse. Das erreichte Niveau ist vor allem dem Engagement der Mitarbeiter, den vielen ehrenamtlichen Helfern, den Mitgliedern des Fördervereins sowie den Partnern wie der Bundesmarine, Stiftungen, Kommunen und dem Land Niedersachsen zu verdanken.

Blick in einen Teil des großzügig gestalteten Ausstellungsbereichs des Aeronauticums in der ehemaligen Bootshalle mit dem Großmodell von S.L. II.

27 Nordholz – 100 Jahre über dem Meer

Im August 1914 wurde in Nordholz ein Marineluftschiffhafen in Betrieb genommen, der rasch zum wichtigsten Stützpunkt für Aufklärungs-, später für Angriffsfahrten vor allem im Nordseeraum und gegen England ausgebaut wurde. Ausschlaggebend für die Wahl dieses Standortes war eine Denkschrift des Werftdepartements des Reichs-Marineamts über die Anlage von Luftschiff- und Flughäfen vom 12. Oktober 1912. Nordholz erhielt den Zuschlag, weil nicht nur in Cuxhaven bereits ein Marinestützpunkt mit der entsprechenden logistischen Einrichtung existierte, sondern auch die entsprechenden Küstenbefestigungen für den Schutz des Luftschiffhafens vorhanden waren.

Die Kosten für den Bau wurden mit etwa 18 Millionen Reichsmark beziffert. Herausragend war die Doppeldrehhalle nach einem Entwurf von Siemens-Schuckert in Berlin. Das Unternehmen hatte bereits mit der werkseigenen Drehhalle in Biesdorf bei Berlin Erfahrungen gesammelt. Beide Hallen blieben allerdings

Blick auf einen Teil der Marine-Luftschifferstation Nordholz, im Hintergrund die Doppeldrehhalle „Nobel".

die einzigen ihrer Art. Eine Drehhalle hat gegenüber festen Hallen den Vorteil, dass sie stets in die Windrichtung gedreht werden kann, sodass das Ein- und Aushallen der Schiffe unter fast allen Wetterbedingungen möglich ist. Diese Doppelhalle erhielt nach ihrer Fertigstellung im September 1914 den Namen Nobel. Die Anbauten wie Unterkünfte, Werkstätten und Versorgungseinrichtungen drehten sich mit ihr mit. Das Drehen des 4.600 Tonnen schweren Bauwerks erfolgte mit acht mittels Elektromotoren angetriebenen Laufwagen, die die Halle in 60 Minuten einmal um die eigene Achse bewegen konnten.

Nach der Drehhalle wurden weitere Hallen errichtet (Nordstern, Nogat, Norbert und Normann), sodass Nordholz im Endausbau über insgesamt drei Doppelhallen und drei Einzelhallen verfügte. Mit dem Anwachsen der Dimensionen der Luftschiffe wurden einzelne Hallen auf eine Länge von bis zu 244 Metern ausgebaut. Im September 1914 wurde der Stab der Marine-Luftschiffabteilung unter dem Befehl des Führers der Luftschiffe (FdL) Fregattenkapitän Peter Strasser (er fiel bei einer Angriffsfahrt mit L 70 am 6. August 1918 über England) von Hamburg-Fuhlsbüttel nach Nordholz verlegt. Parallel zum Hallenbau entstanden weitere umfangreiche Bauten, wie Stabs- und Kasernengebäude, Wohnhäuser, Versorgungs- und Werkstattkomplexe sowie eine Funkstation. Diese konnte besonders gegen Ende des Krieges die ununterbrochene Verbindung mit allen im Einsatz befindlichen Schiffen mittels zweier 40 Meter hoher Funktürme und leistungsfähiger Sende- und Empfangsanlagen sicherstellen. Einige der Gebäude sind heute noch inner- und außerhalb des heutigen Fliegerhorstes erhalten und befinden sich in einer neuen Nutzung. Auffallend ist dabei „Gebäude 22“, das ehemalige kaiserliche Offizierscasino.

Bereits beim Aufbau des Standortes wurde Vorsorge zum Schutz des Luftschiffhafens getroffen. Dabei konzentrierte man sich vorrangig auf den Schutz mittels Küstenforts gegen Schiffsgeschütze (das „Fort Kugelbake“ in Cuxhaven-Döse kann besichtigt werden). Unterschätzt hatte man, vor allem aufgrund der anfänglichen Fehlbewertung der Fliegerkräfte als Angriffswaffe, dass der Standort, nur wenige Kilometer von der Küste entfernt, besonders empfindlich für Luftangriffe von See her war. Beim sogenannten „Weihnachtsangriff“ attackierten britische Flugzeuge am 25. Dezember 1914, gestartet von einem Mutterschiff in der Deutschen Bucht, ungehindert die Basis Nordholz. Trotz dieses Vorfalls (mit relativ geringer Wirkung) sollte es noch bis Anfang 1916 dauern, dass eine Stationierung von Flugzeugen zum Schutz von Nordholz erfolgte.

Abschließend noch einige Zahlen zum Standort Nordholz: Die Gesamtfläche betrug etwa 1.000 Hektar. Die Mannschaftsstärke umfasste in der Zeit des massivsten Einsatzes der Schiffe im April 1917 etwa 1.300 Mann. Im gesamten Verlauf des Krieges waren von den insgesamt eingesetzten 76 Luftschiffen der Marine zeitlich wechselnd 42 in Nordholz stationiert. Anzumerken bleibt, dass Nordholz ab 1935 zu einem Standort der Luftwaffe ausgebaut wurde. Heute sind hier in den Marinefliegergeschwadern 3 und 5 die fliegenden Einheiten der deutschen Marine konzentriert. Sie gewährleisten mit verschiedenen Typen von Flächenflugzeugen und Hubschraubern die Abdeckung der Bereiche U-Jagd, Seeaufklärung, Ölkontrolle, Seenotrettung und Bordflugbetrieb. Eine besondere Aufgabe erwuchs mit der Luftüberwachung entfernter Seegebiete zur Terrorismusbekämpfung.

28 Parchim – Mecklenburger Mistelgespanne

Im Luftfahrtregister firmiert der allgemein als Parchim bekannte Flughafen unter dem Begriff Schwerin-Parchim und ist als Verkehrsflughafen klassifiziert. Allerdings, und hierin gipfelt die lange und sehr wechselvolle Geschichte, ruht derzeit aufgrund eines laufenden Insolvenzverfahrens der Betrieb. Historisch gesehen begann die fliegerische Nutzung des ehemaligen Exerziergeländes zwischen der Elde und der Eisenbahnstrecke im Westen von Parchim bereits einige Jahre vor der Wiederaufrüstung, nämlich am 29. Juni 1928 mit einem zuschauerträchtigen sogenannten „Volks- und Werbeflugtag“.

Auch in den folgenden Jahren begeisterten solche Tage wie auch andere fliegerische Ereignisse, u.a. ein Besuch des Ozeanfliegers Hermann Köhl im Oktober 1930, die Einwohner der Stadt und förderten die Entwicklung der luftsportlichen Aktivitäten. Wie im Fall anderer Standorte in Deutschland entschied sich das Reichsluftfahrtministerium auch bei diesem für den Aufbau eines Fliegerhorstes der neuen Luftwaffe. Zumindest ab 1940 wurde Parchim im Luftwaffenregister als sogenannter Leithorst geführt, seine gesamte umfängliche Ausstattung gewährleistete diese Funktion. Die Bauarbeiten hatten 1937 begonnen und wurden bis Kriegsbeginn 1939 im Wesentlichen abgeschlossen.

Bereits im Verlauf der Luftschlacht um England beherbergte der Fliegerhorst verschiedene Kampf- und Zerstörergeschwader sowie Transportgruppen, die den Überfall auf Dänemark und Norwegen organisierten. Ab 1941 wurden zeitweilig Lastenseglerverbände stationiert, die zur Versorgung der Ostfront dienten. Ihnen folgten im Rahmen der Reichsluftverteidigung verschiedene Gruppen von Nachtjagd- und Jagdgeschwadern und Ende 1944 bis April 1945 Einheiten des geheimnisumwitterten Kampfgeschwaders 200, vor allem mit Mistelgespannen, also Huckepack-Flugzeugen. Diese waren vorgesehen für Einsätze gegen die vorrückende Rote Armee an der Oder und gegen Kraftwerke im Raum Moskau (Operation „Eisenhammer“). Ab Anfang 1944 war Parchim mit Personal

und Gerät auch in Versuche im Auftrag der Erprobungsstellen Tarnewitz und Rechlin eingebunden, darunter Versuche mit Gleitbomben Hs 293 und mit der sogenannten „schrägen Musik“ (nahezu senkrecht in Jagdflugzeugen eingebaute Bordkanonen, die beim Unterfliegen des Zieles automatisch ausgelöst wurden) wie auch mit ungelenkten Bord-Bord-Raketen. Die letzte Belegung des Platzes bestand aus einem Düsenjägerverband mit Me 262 (III. Gruppe des JG 7), die mit wechselndem Erfolg, aber schweren Verlusten gegen die alliierten Bomberverbände eingesetzt wurden.

Besonders der US-Tagesangriff vom 7. April 1945 traf den Platz schwer und beendete durch die umfangreichen Schäden nahezu vollständig den weiteren Einsatz der Düsenjäger. Am 3. Mai rückten US-amerikanische und sowjetische Einheiten in die Stadt ein und besetzten den Flugplatz und andere militärische Einrichtungen. Die zu diesem Zeitpunkt gültige Demarkationslinie lag etwas westlich der Stadt. Der Flugplatz diente trotz der Besetzung vielfach der Bevölkerung zur Deckung ihres Bedarfs an Lebensnotwendigem, vor allem an Baumaterial. Ein Teil der Stahlbauhallen wurde demontiert und fand beim Aufbau der Werften in Wismar und Warnemünde Verwendung.

Von alliierten Truppen in Parchim erbeutetes Mistelgespann des KG 200, oben das Leitflugzeug Fw 190, unten der Ladungsträger Ju 88 (1945).

29 Parchim – Roter Stern und gelber Drache an der Elde

Erstaunlich ist, dass die Sowjetarmee bis auf Parchim keinen der ehemals deutschen Fliegerhorste im Westen Mecklenburgs übernahm und dieser Platz auch erst recht spät in Betrieb ging. Die Luftstreitkräfte der UdSSR begannen erst im Frühjahr 1949, sich dort einzurichten. Die auf dem Territorium der DDR stationierte 16. Luftarmee nutzte nach einer Reihe von Instandsetzungsarbeiten den Platz für die Stationierung von Düsenjägern des Typs MiG-15, die bis 1953 von hier aus operierten. Danach wurde der Flugplatz ausgebaut und die 1.600 Meter lange Start- und Landebahn modernisiert. Weitere Jagdflugzeuge und Jagdbomber (u.a. Su-7) wurden stationiert.

Um 1970 wechselte die Belegung deutlich. Ab diesem Zeitpunkt waren hier nahezu ausschließlich Hubschrauber (Mi-8 und Mi-24) und ab 1982 auch Aufklärungsdrohnen untergebracht, in bestimmten begrenzten Zeiträumen aber auch weiterhin Jagd- und Jagdbombenflugzeuge. Ab 1978 erfolgte eine weitere umfassende Modernisierung der Flugbetriebsflächen und der Sicherstellungseinrichtungen. Vor allem die Verlängerung der Start- und Landebahn auf 3.000 Meter war von großer Bedeutung, da sonst nur die Flugplätze Groß-Dölln (Templin) mit 3.500 Metern und Falkenberg (Alt-Lönnewitz) mit 3.000 Metern eine ähnliche Länge aufwiesen. Damit war Parchim in der Lage, als nördliche Aufnahmebasis für Transportflugzeuge im Rahmen des turnusmäßigen Truppenaustausches der Westgruppe der Sowjetarmee zu fungieren. Der Flugbetrieb am Platz fand nahezu täglich statt und war äußerst intensiv. Die in Parchim stationierten zwei Hubschrauberregimenter, ausgerüstet mit Mi-8 TB und Mi-24, unterstanden operativ der 2. Garde-Panzerarmee in Fürstenberg/Havel und sollten im Kriegsfall deren Handlungen am Boden offensiv aus der Luft unterstützen. Der Ausbildungsstand war sehr hoch, in den 1980er-Jahren verfügten nahezu alle Besatzungen über Erfahrungen aus dem Krieg in Afghanistan.

Nach 1990 setzten Bestrebungen ein, auf militärisch durch die Westgruppe genutzten Flugplätzen eine zivile deutsche Mitnutzung zu ermöglichen. Der erste Platz, auf dem dies erreicht wurde, war Finow bei Eberswalde. 1992 geschah dies auch in Parchim. Somit waren diese Plätze in der Lage, nach dem Abzug der Truppen – in Parchim im Dezember 1992 – nahezu übergangslos den Flugbetrieb allein aufrechtzuerhalten. Alle, die daran beteiligt waren, können ein Lied davon singen, wie kompliziert die Umstellung war, galten doch nun die Gesetze und Bestimmungen der Bundesrepublik für den Luftverkehr. Mit dem Flugplatz Parchim, seinem Ausbauzustand und seiner günstigen Lage verbanden sich nicht unberechtigt erhebliche wirtschaftliche und kommunale Hoffnungen. Es wurde eine moderne Infrastruktur geschaffen, um diese Ambitionen zu unterstützen. War anfangs noch der Trainingsflugbetrieb deutscher Unternehmen, an der Spitze die Lufthansa, recht umfangreich, gewannen zunehmend die Ferienfliegerei und der Frachtflug – es gab eine Nachtflugberechtigung – an Bedeutung.

Abfertigungsgebäude und Tower des Flughafens Parchim.

Der mit Fördermitteln erheblich modernisierte Flughafen bot alle Voraussetzungen, um den Frachtflugverkehr ab dem Jahr 2000 rund um die Uhr sicherzustellen. Das Interesse großer russischer und ukrainischer Frachtflugunternehmen war vorhanden, es wurde eine große Zahl von Lufttransporten mit Großraumflugzeugen und deren Frachtumschlag erfolgreich abgewickelt. Die Leistungsfähigkeit des Flughafens konnte damit und auch bei besonderen Anforderungen wie dem Elbe-Hochwasser 2002 nachgewiesen werden. Warum konnte trotz eines hoffnungsvollen Beginns letztendlich dieses Potenzial nicht ausgeschöpft werden, wie kam es zum heutigen Zustand und welche Rolle spielten hierbei chinesische Geschäftsleute? Die genaue und offizielle Beantwortung dieser Fragen steht immer noch aus. Der chinesische Investor hat am 2. Mai 2019 den Insolvenzantrag gestellt, seitdem läuft das Verfahren. Drei Gesellschaften des Regionalflughafens sind darin ebenfalls involviert.

30 Peenemünde – Im Schatten der Raketen

Wenn der Name Peenemünde fällt, wird fast ausschließlich an die Raketenentwicklung und das Wirken Wernher von Brauns gedacht. Übersehen wird dabei, dass neben dem Forschungszentrum des Heereswaffenamtes (HWA), der sogenannten „Heeresversuchsstelle Ost", ab 1936 eine gleichartige Einrichtung der Luftwaffe entstand, die „Versuchsstelle der Luftwaffe" Peenemünde-West. Diese Trennung erfolgte im Zusammenhang mit den erfolgversprechenden Ergebnissen der Raketenforscher in Kummersdorf und der Erprobung von Raketentriebwerken für Flugzeuge in Neuhardenberg. 1938 gingen die Bauarbeiten am Flugplatz mit seinen befestigten Bahnen, an den Gebäuden und Anlagen ihrem Ende entgegen. Das Ziel der Versuchsstelle war, den Raketenantrieb für Flugzeuge zur Einsatzreife zu bringen, Raketen als Starthilfe für schwere Flugzeuge serienreif zu machen und in einem weiteren späteren Schritt un- und ferngesteuerte Raketen vor allem für die Luftabwehr zu entwickeln und zu erproben.

Die erste Aufgabe bestand darin, die bereits in Neuhardenberg begonnenen Versuche mit dem Raketenantrieb der Heinkel-Typen He 112 und 178 fortzuführen. Diese Versuche mündeten in die Entwicklung und schließlich in den – wenn auch nicht sehr erfolgreichen – Einsatz des Raketenjägers Me 163. Bei den intensiven Erprobungen in Peenemünde, nach dem britischen Luftangriff vom 17./18. August 1943 u.a. in Bad Zwischenahn (s. Nr. 3) fortgeführt, zeigte sich die ganze Kompliziertheit der neuen Technologie, zumal unter Kriegsbedingungen. Die Tätigkeit der Versuchsstelle West stand und steht jedoch im Schatten der Raketenentwicklung des HWA. Die Vielzahl der technologisch weit fortgeschrittenen Entwicklungen sind zumindest ebenbürtig zu sehen, dabei aber auch ihre Einbindung in die Zielsetzungen des NS-Systems. Der von den Alliierten unisono festgestellte Technologievorsprung der deutschen Luftfahrtforschung betrug am Kriegsende mehrere Jahre. Die aus der Arbeit der Versuchsstelle West hervorgegangenen Waffen und Geräte unterschiedlichster Art trugen erheblich zu diesem Vorsprung bei und beeinflussen bis in die heutige Zeit die technischen Entwicklungen, besonders natürlich auf dem militärischen Sektor. Dazu gehörten u.a. das Flügelgeschoss Fieseler Fi 103 (die sogenannte V 1), fälschlich oft als Rakete bezeichnet, verschiedene Typen von ungelenkten und ferngesteuerten Gleitbomben (draht- oder funkgelenkt), ungelenkten Luft-Luft-Raketen für Jagdflugzeuge, funkgelenkten Luftabwehrraketen („Schmetterling", „Enzian", „Wasserfall", „Rheintochter", „Hecht", „Rheinbote", „Feuerlilie") sowie die dazugehörigen elektronischen Anlagen und Geräte. Alle diese Systeme waren eine hochwillkommene Kriegsbeute aller Alliierten und dienten nach dem Krieg dazu, rasch den Technologierückstand aufzuholen. Die Raketenkonzepte wurden vor allem in den USA (X-1 bis X-3 sowie X-15) und in der Sowjetunion weiter verfolgt und letztlich in den Raumfähren bisher optimal verwirklicht.

Bereit zur Erprobung im Hochgeschwindigkeitswindkanal – Modelle der Flaraketen „Feuerlilie" (hinten) und „Wasserfall" (1943/44).

Während Peenemünde in Reichweite der zügig vorrückenden Roten Armee lag, gelang es, bereits ab Ende 1944 erhebliche Teile der Ausrüstungen und Dokumente wie des Personals in Richtung Westen zu verlagern. Ein weiterer Teil des Personals der Erprobungsstelle wurde ab Februar 1945 auf den Fliegerhorst Wesermünde (heute Bremerhaven) verlegt. Der Flugplatz Peenemünde diente ab Spätherbst 1944 auch als Einsatzfliegerhorst für die Mistelgespanne, die vor allem Angriffe auf die Weichsel- und Oderbrücken flogen, um den Vormarsch der sowjetischen Truppen zu verzögern – letztlich erfolglos. Ein letzter Einsatz erfolgte am 30. April 1945. Seit dem Tag davor verließen alle noch verbliebenen Mitarbeiter und ihre Familien den Standort mittels Schleppern und seeuntauglichen Lastkähnen, als der Gegner bereits in Wolgast und auf dem anderen Peeneufer stand. Über Sassnitz und Stralsund sowie Kopenhagen erreichte der Konvoi durch das Kattegat und den Großen Belt am 9. Mai Kiel. Das Deutsche Reich hatte zwischenzeitlich kapituliert. Der weitaus größte Teil der Forschungsergebnisse fiel in britische und amerikanische Hände.

31 Peenemünde – „Mythos“ und Realität am Peenestrom

Wie kaum eine andere Stätte der deutschen Luftfahrtforschung stand und steht Peenemünde im Fokus der Öffentlichkeit. Allein die Besucherzahl seit Eröffnung des Historisch-Technischen Museums im Jahr 1991 von über 6 Millionen unterstreicht dies deutlich. Peenemünde ist zugleich der wohl sichtbarste Ausdruck der Verstrickung der Wissenschaft in die Verbrechen des Nationalsozialismus. Bei näherer Betrachtung bleibt von dem besonders nach 1945 gepflegten Mythos als „Geburtsstätte der Weltraumfahrt“ kaum etwas übrig.

Diesen Mythos setzten besonders Wernher von Braun und General Walter Dornberger als Chef der Heeresversuchsanstalt nach ihrer Verhaftung durch US-Truppen in die Welt. Die Legende sollte von der Mitwisserschaft und Mitverantwortung bei den Verbrechen in Peenemünde und später im Mittelbau Dora bei Nordhausen am Harz wie in den anderen ausgelagerten Fertigungsstätten der „Wunderwaffen“ V 1 und V 2 ablenken und den mit der Operation „Overcast/Paperclip“ angestrebten (und von amerikanischer Seite längere Zeit vorbereiteten) Neustart in den USA nicht gefährden. Die Lebensumstände der Zwangsarbeiter, der Kriegsgefangenen und KZ-Häftlinge, die an all diesen Orten vegetierten und starben, über 20.000 fanden allein im Mittelbau Dora den Tod, sollten dem Vergessen anheimfallen, obwohl nahezu alle der in den Forschungs- und Produktionsstätten Tätigen davon wussten, bewusst wegsahen oder es verdrängten. Diese Anmerkungen sind unerlässlich, um sich sachlich und emotional mit der Thematik auseinanderzusetzen.

Da die militärtechnische Seite der Geschichte dieser Forschungsstätte in der DDR mit nur wenigen Publikationen spärliche Berücksichtigung fand, war das Interesse der Öffentlichkeit, die zudem durch die militärischen Sperrgebiete der NVA auf Abstand gehalten wurde, naturgemäß riesig. Daher war die Eröffnung eines Museums im Mai 1991 nur folgerichtig. Allerdings geriet das Museum durch eine Gedenkveranstaltung zum Jubiläum „50 Jahre Raumfahrt“ mit einer vorrangigen Ausrichtung auf den technischen Aspekt in sehr schwieriges

Fahrwasser und in den Fokus der Politik. Diese veranlasste die Installierung einer Historikergruppe und beauftragte sie mit der Neukonzeption der Ausstellung unter dem Titel „Peenemünde – Mythos und Geschichte der Rakete, 1929 bis 1989“. Seitdem werden in einer ausgewogenen Präsentation sowohl die technischen Leistungen wie aber auch die politischen Hintergründe und das Schicksal der Menschen dargestellt, derjenigen, die hier ihrer „normalen“ Arbeit nachgingen, wie derjenigen, die hier und an anderen Orten unter unmenschlichen Bedingungen als Fremd- und Zwangsarbeiter, Kriegsgefangene oder KZ-Häftlinge ausgebeutet wurden und vielfach ihr Leben ließen. Am Beispiel der Person Wernher von Brauns wird die ganze Widersprüchlichkeit eines Wissenschaftlers gezeigt, mit seiner Verstrickung in das NS-System, allerdings auch mit seiner Integration in den USA, ungeachtet der düsteren Vergangenheit.

Die Ausstellung befindet sich in der ehemaligen verbunkerten Kraftwerksschaltwarte, im Kraftwerk (dem größten technischen Denkmal in Mecklenburg-Vorpommern) und im Freigelände, wo auch Sachzeugen der NVA-Geschichte präsentiert werden. Das Militär der DDR nutzte ab 1962 den Flugplatz, nunmehr unter dem Namen Karlshagen, mit dem Jagdgeschwader 1. Auf einem über 22 Kilometer langen Rundweg über das Gelände der beiden ehemaligen Erprobungsstellen werden durch Sachzeugen und mittels Schautafeln historische Sachverhalte und Hintergründe erläutert. Zur Geschichte von Peenemünde gehört auch die im Hafen liegende Raketenkorvette „Hans Beimler“ der ehemaligen DDR-Volksmarine vom Typ 1241 RÄ (NATO-Code Tarantul), die besichtigt werden kann.

Blick auf das zum Museum gehörende Kraftwerk. Links eine Nachbildung des Aggregats 4 (V 2), in der Mitte eine Startrampe für das Flügelgeschoss Fieseler Fi 103 (V 1), rechts einer der Triebwagen für den Werksverkehr zwischen Zinnowitz und Peenemünde.

32 Pütnitz – Fliegerei am Schwarzen Ufer

Wie kaum andere Wasserflächen an der deutschen Ostseeküste sind die sogenannten inneren Seegewässer Mecklenburg-Vorpommerns für die Seefliegerei bestens geeignet. Auch bei Starkwinden ist genügend Ruhigwasser für Starts und Landungen vorhanden, zumal wenn die Ausbildung von Piloten und Besatzungen von Seeflugzeugen betrieben werden soll. Die Lage von Pütnitz an der relativ abgeschlossenen Wasserfläche des Ribnitzer Sees wie auch die Anbindung an die Orte Ribnitz und Damgarten bot dafür besonders günstige Bedingungen.

Diese Faktoren dürften bereits Walther Bachmann bei der Errichtung seines Werkes nahe Ribnitz (Nr. 38) beeinflusst haben. Kurz nach der Machtübernahme der Nationalsozialisten fiel ob der Standortvorteile die Wahl auf das nahe Pütnitz. Im Frühjahr 1935 begann der Bau eines kombinierten Land- und See-Fliegerhorstes, der ein Jahr später unter der Bezeichnung Flugzeugführerschule C 17 (kurz FFS C 17) in Dienst gestellt werden konnte. Die weitläufig angelegten Gebäude dienten der Ausbildung der Besatzungen mehrmotoriger Flugzeuge und von Wasserflugzeugen verschiedenster Typen. Bereits von Anfang an stand eine betonierte Start- und Landebahn von 1.325 Metern Länge zur Verfügung, zusammen mit gleichfalls betonierten Ablaufbahnen für die Seeflugzeuge sowie umfangreichen Hangarkapazitäten für die Unterbringung und die Reparatur der Flugzeuge. Auffallend war auch hier der große Drehkran am Ende eines weit in den See hineinragenden Piers zum Ein- und Aussetzen der Wasserflugzeuge. Wie an allen anderen sogenannten Friedensstandorten waren auch hier die bestmöglichen sozialen Bedingungen für die Soldaten und ihre Familien vorhanden. Durch den Siedlungsbau für den Flugplatz erhöhte sich wie bereits in Ribnitz (infolge der Ansiedlung der Bachmann-Werke) auch in Damgarten die Einwohnerzahl auf fast das Doppelte. Bis Kriegsende entstanden kaum Schäden an Gebäuden und Anlagen.

Die kampflose Einnahme durch Einheiten der Roten Armee erfolgte am 2. Mai 1945. Ein besonderer Fund aus diesen Jahren geht auf den Hinweis eines Zeitzeugen zurück, der sich als Junge vor allem für die noch dort befindlichen Flugzeuge interessierte. Darunter seien auch fünf oder sechs Lastensegler des Typs Gotha Go 242 gewesen, die am Schwarzen Ufer gestanden hätten. Im Jahr 1992 stieß der Autor bei historischen Recherchen auf die Skelette von sieben Seglern dieses Typs, völlig eingewachsen in einem Dickicht an ebendiesem Ufer. Offensichtlich hatten sie, im Sperrgebiet des sowjetischen Militärflugplatzes liegend, wenn auch nur noch als Stahlrohrskelette „überlebt". Der Mär nach waren diese Lastensegler vorgesehen, als ein „letztes Aufgebot" der Wehrmacht mit Fallschirmjägern und hinter Schleppflugzeugen die britische Flottenbasis Scapa Flow auf den Orkney-Inseln anzugreifen – technisch und taktisch undurchführbar, wohl eher eine Sage. Die Existenz der Gothas ist aber durch ihre Entdeckung eine Tatsache.

Schwimmerflugzeug Arado Ar 196 der deutschen Luftwaffe (um 1942).

Die sowjetischen Flieger nahmen den Flugplatz umgehend in Besitz. Neben der Stationierung eigener Kräfte erfolgte hier die Umschulung sowjetischer Besatzungen auf den Typ Ar 196, der recht zahlreich als Kriegsbeute angefallen war. Als Fluglehrer wurde der ehemalige Einflieger der Bachmann-Werke Johann Johanny eingesetzt. Er hatte schon in den 1930er-Jahren in Kanada Flugerfahrungen als „Buschflieger" gesammelt. Während des umfangreichen Flugbetriebs setzten einerseits zwangsverpflichtete Einwohner Anlagen instand, andererseits wurden die vorhandenen Stahlträgerhallen demontiert und in die Sowjetunion verfrachtet. Die Betonbauhallen wie auch die anderen festen Gebäude nahmen das Personal und die Technik sowjetischer Jagdfliegereinheiten auf, die bis 1994 das Leben auf dem Gelände dominierten. 1951/52, 1961 und 1968/70 erfolgten umfangreiche Ausbau- und Modernisierungsarbeiten. Der Platz geriet im Mai 1958 in den Fokus der internationalen Öffentlichkeit, als zwei MiG-17 ein belgisches Aufklärungsflugzeug des Typs RF-84F „Thunderstreak" nach einer Luftraumverletzung zur Landung zwangen. Der Pilot wurde nach zwei Wochen freigelassen, das durch Techniker der NVA-Luftstreitkräfte demontierte Flugzeug Ende Juni auf dem Landweg nach Belgien zurückgeführt. Am 11. April 1994 wurden die fliegenden Einheiten endgültig in ihr Heimatland verlegt. Heute erhält ein Verein die Geschichte des Standortes lebendig und macht verschiedene attraktive Angebote für Besucher.

33 Plau am See – Die unbekannte Geschichte eines Campingplatzes

Die idyllische Seenlandschaft um Plau lässt kaum jemanden ahnen, dass hier vor geraumer Zeit ein Stück Luftfahrtgeschichte geschrieben worden ist. Am Anfang stand der 1796 im mecklenburgischen Neubrandenburg geborene Dr. Ernst Alban, der sich frühzeitig und umfassend mit technischen Problemen befasste und eine Maschinenbaufirma gründete. Heute ist er nur noch wenigen Kennern der Industriegeschichte bekannt. Er führte auf dem Plauer See mittels eines auf einem Prahm installierten Startturms praktische Flugversuche mit Gleitern durch. Auch der bekannte Konstrukteur von Prall-Luftschiffen August von Parseval befasste sich hier mit dem Bau von Flugapparaten.

Darunter befand sich ein Flugboot, für das er als Versuchsfeld ein Gelände am Plauer See wählte, der ruhig und abgeschieden gelegen ist und sich über 16 Kilometer erstreckt. Zu diesem Zweck ließ Parseval eine Halle errichten, genannt „Flugstation Parseval". Heute erinnert nichts mehr an diese Zeit – die Halle stand auf dem Gelände des heutigen Campingplatzes „Am Zuruf". Einer der für die Montage des Flugbootes angestellten Ingenieure war Wilhelm Hoff, der ab 1913 die Flugzeugabteilung der Deutschen Versuchsanstalt für Luftfahrt (DVL) in Adlershof und von 1920 bis 1936 die DVL insgesamt leitete. Die Flugversuche mit diesem ersten deutschen Wasserflugzeug fanden mit wechselnden Erfolgen im Jahr 1910 statt. Dem Vernehmen nach gelangen keine Wasserstarts, sondern es wurde eine Anlaufbahn mit einem Startwagen zu Hilfe genommen. Mehrere Male gab es geringen bis mittleren Bruch, es musste aber schlussendlich konstatiert werden, dass das Triebwerk der Firma Daimler mit seiner Leistung von etwa 100 PS für die Konstruktion zu schwach war.

Auch zwei Jahre später beim Wasserflug-Wettbewerb in Heiligendamm (Nr. 17) zeigte sich, dass die deutsche Flugmotorenindustrie zu dieser Zeit gerade für die Wasserfliegerei mit ihrem konstruktiv bedingten höheren Leistungsbedarf den Anforderungen noch nicht gerecht werden konnte. Das Grundübel der Konstruktion Parsevals bestand darin, dass für den Rumpf und die beiden seitlichen Stützschwimmer aufgeblasene Schwimmkörper dienten, die einen extrem hohen Wasserwiderstand hatten. Dies war für den Start das entscheidende Hindernis bei der Verwendung der noch leistungsschwachen Triebwerke, die bei Radflugzeugen allerdings den damaligen Anforderungen durchaus genügten. Besonders die Gestaltung der Schwimmer und des Bootsrumpfes war hydrodynamisch noch ungenügend erforscht. Es wurde erst später in Wasserkanälen der Forschungsinstitute nachgewiesen, dass eine Abrisskante, eine sogenannte „Stufe" am Boden der Schwimmer oder des Bootsrumpfes, den Start vor allem bei Glattwasser enorm erleichtert oder überhaupt erst ermöglicht; daher kommt auch der Ausdruck „auf Stufe gehen". Parseval blieb diese Erkenntnis bei seiner Konstruktion noch verwehrt.

Zeitgenössische Pressemitteilung über die Flugversuche von August von Parseval am Plauer See.

Aviatik auf dem Plauer See.

Major von Parseval als Erfinder einer neuen Flugmaschine.

Oberes Bild: Die Flugmaschine über dem Plauer See. Major Dr. August v. Parseval. Hofphot. Reichard & Lindner. — Nebenstehend: Haus zur Bergung der Maschine. — Unteres Bild: Die Flugmaschine in der Halle.

Hierzu der Artikel:
„Die Parseval-Flugmaschine“ von Theodor Lerner.

34 Rechlin – Testzentrum für den Krieg

Rechlin diente wie die Standorte Tarnewitz, Travemünde und Peenemünde der militärischen Erprobung von Luftfahrzeugen und ihren Waffensystemen sowie Ausrüstungen. Gemäß den Festlegungen der Potsdamer Konferenz wurden alle Anlagen und Einrichtungen bis Ende der 1940er-Jahre weitestgehend beseitigt, sodass heute kaum noch Zeugen dieser Geschichte vorhanden sind. Allerdings erinnert in Rechlin ein sehr sehenswertes Museum an die dortige Erprobungsstelle. Deren Geschichte begann Mitte 1918, als hier offiziell die „Flieger-Versuchs- und Lehranstalt am Müritzsee" entstand und in gewisser Weise eine Ergänzung der „Prüfanstalt & Werft der Fliegertruppe" in Adlershof (Bezeichnung der Deutschen Versuchsanstalt für Luftfahrt im Krieg) darstellte.

Infolge der kurzen Zeit bis zur Kapitulation gelang es nicht mehr, die bereits vorgesehenen Ausbauplanungen zu realisieren. Aber bereits Mitte der 1920er-Jahre setzten die Militärs der Weimarer Republik zeitgleich mit der Einrichtung des Ausbildungszentrums im sowjetrussischen Lipezk auf den Ausbau einer Erprobungsstelle in Rechlin. Es ist erstaunlich, in welchem Umfang gleichzeitig die Erprobung von Fluggerät, anfangs mit dem Schwerpunkt Flugmotoren, und die Entwicklung der Infrastruktur des Flugplatzes betrieben wurden, lange vor der Rückerlangung der „Wehrhoheit" des Deutschen Reiches 1935. Ab 1933 erlangte der Ausbau der E-Stelle eine neue Dynamik. Ganze Dörfer mussten ihrer räumlichen Ausweitung weichen, die Bewohner wurden umgesiedelt, neben weiteren Erprobungsanlagen und Versuchsflächen entstand auch eine großzügig angelegte Siedlung für die zahlreichen Mitarbeiter und ihre Familien. Neben dem eigenen Flugfeld der E-Stelle wurde der nahegelegene Flugplatz Lärz ausgebaut und mitgenutzt. Das war vorteilhaft, weil die dort vorhandene, 1939 angelegte Betonbahn auch die Erprobung von Strahlflugzeugen gestattete. Dies war in Rechlin nicht möglich, da der dortige Platz nur eine Grasnarbe hatte.

Rechlin war bis 1945 die größte E-Stelle des Deutschen Reiches für die Luftrüstung. Es gab keinen landgestützten Flugzeugtyp, der hier nicht ausgiebig geprüft wurde, bevor seine Produktion und der Truppeneinsatz erfolgten. Mehrere Male waren Adolf Hitler wie auch die gesamte NS-Prominenz im Rahmen von Besichtigungen neuer Typen anwesend, wobei in der Regel aber Anspruch und Wirklichkeit nicht im Einklang standen. Ohne Zweifel war der wissenschaftliche Stand der deutschen Luftrüstung sehr hoch, die Realität der ökonomischen Ressourcen sowie der personelle Aderlass im Verlauf des Krieges standen dazu jedoch in einem krassen Missverhältnis. Noch in den letzten Apriltagen 1945 jagten entsprechend Görings Vernichtungsbefehl deutsche Sprengkommandos die Mehrzahl der E-Stelleneinrichtungen in die Luft. Fieberhaft wurde in diesen Apriltagen auch versucht, wichtige Einrichtungen, Dokumente und Spezialisten unter hohen Verlusten der dabei eingesetzten Flugzeuge auszufliegen. Ebenfalls verlief von Rechlin und Lärz aus das Einfliegen von Entsatzeinheiten und Material in das eingekesselte Berlin sehr verlustreich. Vor allem Rechlin war einer der Dreh- und Angelpunkte der letzten deutschen Aktivitäten in der Luft. Die am 2. Mai einrückende Rote Armee verpflichtete die verbliebenen Einwohner zu umfangreichen Demontagearbeiten, die bis 1949 anhielten. Ein restlicher Teil der Anlagen wurde ab Mitte 1948 für den Schiffbau genutzt. Bis 1990 entstanden hier Zulieferungen unterschiedlicher Art für DDR-Werften. Der Flugplatz Lärz stand bis 1993 im Dienst der sowjetischen Luftstreitkräfte.

Zur Aufgabe der E-Stelle Rechlin gehörte auch die Erprobung erbeuteter Flugzeuge, um Schwachstellen für eine effektive Bekämpfung zu finden. Hier wird eine Boeing B-17 „Flying Fortress" durch Angehörige der E-Stelle und des RLM besichtigt (1943).

35 Rechlin – Das Museum am Ufer der Müritz

Um die Geschichte des Luftfahrtstandortes Rechlin attraktiv und informativ zu präsentieren, wurde ab 1993 das größte privatrechtlich und ehrenamtlich geführte Museum in Mecklenburg-Vorpommern aufgebaut. Es wurde im Jahr 1998 auf dem Gelände der ehemaligen Erprobungsstelle der deutschen Luftwaffe in einem Teil der historischen Gebäude und in einer Ausstellungshalle mit zusammen 3.000 Quadratmetern sowie auf dem dazugehörigen Freigelände von 18.000 Quadratmetern eröffnet und vergegenwärtigt auch die späteren schiffbaulichen Aktivitäten dort.

Seit der Gründung stellen zwei Vereine mit ihren Mitgliedern und Partnern ohne jegliche wiederkehrende Zuschüsse des Bundes, des Landes und der Gemeinde den Betrieb des Museums sicher. Das ist nur machbar durch das überdurchschnittliche ehrenamtliche Engagement

Blick in eine der Ausstellungshallen des Museums mit Replika der Typen Fokker Dr.I, Siemens-Schuckert D.III, Junkers F 13, Junkers D.I (von links) und Etrich-Taube (oben Mitte) sowie Fokker D.VII.

der Mitglieder. Die Grundkonzeption der musealen Gestaltung basiert auf der Geschichte der Menschen, die hier tätig waren. Die Exponate in der Ausstellung stehen ausschließlich im Zusammenhang mit dem tatsächlichen Geschehen am Standort und regen durch ihre Präsentation mit den beigefügten objektiv-sachlichen und verifizierten Informationen zur kritischen Auseinandersetzung mit den verschiedenen historischen Ereignissen und Handlungen an.

Angefangen mit den Exponaten aus der Produktion der Fokker-Werke von 1917 bis 1925 bis hin zu Hugo Junkers werden technische Entwicklungen und die dahinter stehenden Persönlichkeiten präsentiert. Infolge des enormen ehrenamtlichen Engagements aller Mitwirkenden und der Unterstützung durch die Gemeinde entstand ein sehr sehenswertes Museum. Aufgrund der Resonanz in der Öffentlichkeit und dank der zahlreichen Besucher gelang auch die Ausweitung der Präsentationsfläche und -gebäude. Hervorzuheben sind die mit Unterstützung des Luftwaffenmuseums der Bundeswehr Berlin-Gatow als Leihgabe zur Verfügung gestellten originalgetreuen Repliken sowie die Nachbauten und Teilnachbauten durch befreundete Flugzeugbauer. Die Aufzählung der Typen würde den Rahmen sprengen, stellvertretend seien genannt Bf 109; Siemens-Schuckert D.III; DFS 230; Junkers D.I und F 13; Ta 154; Do 335; Me 262; He 162; Gotha Projekt P.60C sowie die Fokker-Typen Dr.I und D.VII und die Etrich Taube. Diese und andere Exponate wie Cockpits und Triebwerke spiegeln die technischen Entwicklungen ihrer Zeit wider. Auch die Geschichte der sowjetischen Fliegerkräfte am Ort findet Platz und Raum, mit Flugzeugen und Hubschraubern wie den MiG-Typen -17, -21, -23, dem Jagdbomber Su-22 und den Hubschraubern Mi-2, -8 und -24.

Last but not least nimmt der Marineteil einen gebührenden Platz ein. Weniger bekannt dürfte nämlich sein, dass bereits 1948 an dieser Stelle eine Schiffswerft errichtet wurde. Das Produktionsprofil erstreckte sich vor allem auf Rettungs-, Dienst- und Arbeitsboote für die See- und Binnenschifffahrt. Der enorme Schiffbau in der DDR für nationale und internationale Auftraggeber verlangte dringend nach solchen Fahrzeugen. Bei der Werkstoffwahl ging man vom anfänglichen Stahl- und Aluminiumbau zunehmend zur GFK-Bauweise über. Im Rahmen der Landesverteidigung entstanden hier auch die Bootskörper für die kleinen Torpedoschnellboote des Projekts 131 „Libelle“. Diese wurden dann im Landtransport zur Endausrüstung in die Peene-Werft Wolgast überführt. Bis heute ist dieses Fahrzeug mit einer Antriebsleistung von insgesamt 3.600 PS und einer Geschwindigkeit von 48 sm/h (ca. 90 km/h) eines der schnellsten Wasserfahrzeuge, das jemals im Ostseeraum operierte. Eines der 30 gefertigten Einsatzboote (vier weitere wurden als Versuchsboot gebaut) ist auf dem Freigelände als Leihgabe des Internationalen Maritimen Museums Hamburg (Sammlung Peter Tamm) aufgestellt und kann einmal im Monat bei „Luken auf“ besichtigt werden. Die Internetpräsenz des Museums ist bestens geeignet, sich vor dem Besuch ein Bild von der Ausstellung zu verschaffen.

36 Rellingen – A Century of Thinking Safety

Im Industriegebiet von Rellingen ist AUTOFLUG aufgrund des schneeweißen Gebäudes und seiner Architektur zwar auffallend, aber sonst eher unauffällig. Welches Unternehmen verbirgt sich hinter dem vorerst recht wenig einleuchtenden Begriff? Dazu muss man die Geschichte der Firma kennen, wie auch die des Unternehmensgründers Gerhard Sedlmeyr und seiner Nachfahren, die die Firma bis heute führen. Gegründet wurde Autoflug vor über 100 Jahren am 10. Oktober 1919 in Johannisthal, am Standort des ersten deutschen Motorflugplatzes. Als Mann der ersten Stunde der Fliegerei war Sedlmayr einer der „Alten Adler", also einer derjenigen Aviatiker, die vor Kriegsausbruch 1914 ihren Flugschein erwarben.

Spektakulär war sein Dauerflugrekord mit der ersten Nachtlandung beim Schein von Fackeln und Benzinfeuern. Sedlmayr, bei der Firma Wright Deutschland geschult und danach dort wie auch bei anderen Firmen tätig, hochdekorierter Weltkriegsflieger, zweimal schwer abgestürzt, verschrieb sich nach dem Verbot des Fliegens in Deutschland ab 1919 dem Thema Sicherheit. Darin flossen seine fliegerischen Erfahrungen in Krieg und Frieden ein. Er ordnete alle seine Aktivitäten dem Vorsatz unter, den er wie folgt beschrieb: „Immer war es mein Bestreben, dass Piloten zu jeder Zeit sicher fliegen können … und in größter Not die Möglichkeit haben, sich zu retten." Wegen der Versailler Vertragsbestimmungen hielt er seine Firma zwischenzeitlich mit dem Bau von Motorrädern über Wasser, und zwar recht erfolgreich, auch als Rennfahrer. Infolge eines Kontakts mit dem US-amerikanischen Fallschirmproduzenten Leslie Irvin konzentrierte er sich ab Mitte der 1920er-Jahre auf die Produktion und den Vertrieb von Fallschirmen. Rasch wuchs das Unternehmen, Zweigfirmen entstanden, es expandierte. Die neue Luftwaffe wurde ab 1935 mit Rettungsschirmen für Piloten und Besatzungen ausgerüstet. Erwähnenswert ist, dass das Fliegerass Ernst Udet einem Schirm der Marke Autoflug sein Leben verdankte, als seine Curtiss Hawk bei einem Sturzflug über Tempelhof in der Luft auseinanderbrach. Dankend schrieb Udet an Sedlmayr: „Hei lewet noch!"

Mit Ende des Krieges stand Gerhard Sedlmayr infolge der vollständigen Enteignung erneut vor dem Aus. Zäh und zielstrebig verlegte er sich auf den Briefmarkenhandel, ohne das Ziel aus den Augen zu verlieren – sich erneut in seinem Fachgebiet zu etablieren. Mitten in der Zeit des Wiederaufbaus nach dem Krieg verstarb er unerwartet im Jahr 1952. Sein Sohn Dr. Gerhard Sedlmayr fühlte sich dem Familienerbe verpflichtet. Obwohl erfolgreich als Arzt in der Krebsforschung tätig, übernahm er die Leitung der Firma und konnte auch dank der langjährigen Kontakte an die ehemals erfolgreiche Bilanz anknüpfen. Die über Irvin entstandene Verbindung zu dem britischen Luftfahrtindustriellen Sir James Martin sollte sich schnell als erfolgversprechend erweisen. Der Ankauf des Starfighter F-104 durch die Bundesrepublik, seine Umrüstung und sein Einsatz in der Bundesluftwaffe sind hinlänglich als Starfighter-Affäre bekannt. Wie in anderen

Grußkarte von Ernst Udet nach dem Absturz in Tempelhof an Gerhard Sedlmayr.

Fällen der damaligen Zeit zeigte sich die Verquickung von Politik, Wirtschaft und Militär in unrühmlicher Form. Die Bewältigung dieser Krise erforderte eine Vielzahl von Entscheidungen und Maßnahmen, um den Verlusten an Mensch und Material ein Ende zu bereiten. Eine Konsequenz war der Austausch des mängelbehafteten Schleudersitzes C 2 von Lockheed durch einen der britischen Firma Martin-Baker. Dass dieser Prozess so schnell, mit hochwertigem Ergebnis und erfolgreich verlief, war vor allem ein Verdienst der Firma Autoflug unter Leitung von Dr. Sedlmayr, der dafür das Bundesverdienstkreuz erhielt. In der Folge und bis heute erfolgt die Wartung der Schleudersitze der deutschen Luftwaffe bei Autoflug. Bisher konnten sich mehr als 260 Piloten von Luftwaffe und Marine mit den von Autoflug betreuten Schleudersitzen retten.

In den letzten Jahren wurden weitere Tätigkeitsfelder erschlossen, zwischenzeitlich war das Unternehmen auch auf dem Gebiet der Verkehrs- und Marinesicherheitstechnik sehr erfolgreich tätig (u.a. mit Pkw-Rollgurten). Autoflug hat sich zukunftsorientiert den neuen Herausforderungen der Luftfahrt- und Fahrzeugbranche gestellt sowie neue Geschäftsfelder erschlossen und fühlt sich nach wie vor dem Anspruch des Firmengründers Gerhard Sedlmayr verpflichtet. Diese Verpflichtung hat heute Andreas Sedlmayr in der dritten Generation übernommen.

37 Rerik – Todesflüge in den Kessel

Eigentlich ist der Fliegerhorst Rerik zwischen Rostock und Wismar als Bestandteil der Flakschule der Luftwaffe weder kriegs- noch luftfahrthistorisch von besonderer Bedeutung, er war einer unter vielen. Allerdings ist mit diesem Flugplatz eine besondere Episode verbunden, die die letzten Kriegstage des Zweiten Weltkrieges im Rest Großdeutschlands in besonderer Weise beleuchtet. Noch in diesen letzten Tagen, die alliierten Truppen waren weit auf das Reichsgebiet vorgestoßen, Berlin war bereits eingeschlossen, erließ Adolf Hitler am 19. April 1945 einen weiteren seiner sinnlosen Befehle und schickte das „letzte Aufgebot" zum Einsatz in die eingekesselte Stadt.

Marineangehörige verschiedener Ausbildungseinheiten, vollkommen unerfahren im infanteristischen Kampf, sollten mit allen verfügbaren Flugzeugen in den Kessel eingeflogen werden. Neben Rerik

Grabstein auf dem Friedhof von Wilhelmshorst für die bei dem Abschuss der Fw 200 ums Leben gekommenen Piloten und Marinesoldaten. Die Schreibweise des Piloten Huebner ist nicht korrekt.

waren als Abflugplätze Großenbrode, Tutow und Pütnitz vorgesehen, gelandet werden sollte auf dem letzten benutzbaren Berliner Flugplatz Gatow. Die Marinesoldaten kamen aus Einrichtungen auf Fehmarn und vom Stralsunder Dänholm. Am Abend des 26. April erreichten die von Fehmarn mit Marinefährprähmen auf die Halbinsel Wustrow übergesetzten Soldaten den Fliegerhorst Rerik. Hier wie auch in Tutow, Rechlin und Großenbrode stand eine erhebliche Zahl an Transportflugzeugen bereit, darunter auch Junkers Ju 52, die in dieser Phase des Kriegs kaum noch das eingeschlossene Berlin erreicht hätten. Wie die folgenden Ereignisse zeigen sollten, hatten selbst moderne Flugzeuge kaum noch eine Chance, unversehrt durch die Flakabwehr der um Berlin operierenden Verbände der Roten Armee zu gelangen und den noch einzig anfliegbaren Berliner Flughafen zu erreichen. Bei den in Rerik bereitstehenden Maschinen handelte es sich allerdings nicht um Flugzeuge eines Transportgeschwaders, sondern um drei Maschinen der sogenannten „Fliegerstaffel des Führers" (F.d.F.), eine Fw 200, eine Ju 352 und eine Ju 290, für damalige Begriffe Großraumflugzeuge.

Völlig überladen – an Bord der Fw 200 mit der Kennung CE+IC befanden sich schließlich 17 Mann mit ihrer Ausrüstung und zusätzlich Waffen- und Munitionskisten – startete die Maschine um 23.10 Uhr. In diesen Tagen waren nur noch Nachtflüge einigermaßen mit Erfolgsaussicht machbar. Im Cockpit saßen der äußerst erfahrene ehemalige Flugkapitän der Lufthansa Hauptmann Joachim Huebner und Major Dietrich Gropp, ein erfahrener Kampfflieger, der sich im KG 40 seine Sporen verdient hatte. Im Gang des Flugzeuges waren ohne jede Sicherung Kisten mit Munition und Panzerfäusten verstaut. Die Marinesoldaten klemmten ohne jede Sicherung zwischen den Kisten und Ausrüstungsgegenständen. Beim Erreichen des Einschließungsringes um Berlin erhielt das Flugzeug Flaktreffer, die ein Triebwerk in Brand setzten. Huebner konnte die überladene Maschine nicht mehr halten und versuchte in der Dunkelheit gegen 00.30 Uhr eine Notlandung. Das Flugzeug streifte beim Niedergehen ein Hausdach in der Gemeinde Wilhelmshorst, südlich von Potsdam gelegen, und schlug brennend in dem Siedlungsgelände auf. Neben der Tochter der Hauseigentümer kamen auch sechs Marinesoldaten sofort ums Leben, eingeklemmt durch die verrutschte Ladung. Auch die beiden Offiziere und der Bordmechaniker konnten deshalb ihre Plätze nicht verlassen und starben. Nach der Aussage Überlebender versuchten sie noch, die flüchtenden Marineangehörigen durch Feuer aus dem Cockpit heraus vor der Gefangennahme zu bewahren. So konnten nur zwei Verletzte gefangen genommen werden, die anderen flüchteten in die umliegenden Wälder, zwei wurden von Einwohnern versteckt. Ein Gedenkstein auf dem Friedhof der Gemeinde erinnert an die Ereignisse dieser Nacht. Noch viele Jahre nach dem Krieg trafen sich die Überlebenden am Gedenkstein für ihre gefallenen Kameraden.

Von allen in diesen Tagen auf verschiedenen Fliegerhorsten gestarteten Flugzeuge gelang es nur einem, in Gatow zu landen und mit Schwerverwundeten an Bord wieder zu starten, alle anderen wurden abgeschossen oder kehrten unterwegs bereits beschädigt an die Abflugorte zurück. Von den Marinesoldaten der einzigen in Gatow gelandeten Maschine überlebte keiner das Kriegsende. Diese Episode dokumentiert das sinnlose Verheizen von Mensch und Material, geopfert dem Größenwahn und der Menschenverachtung.

38 Ribnitz – Der Unternehmer vom Saaler Bodden

Walther Bachmann gehört in der deutschen Luftfahrtgeschichte zu den weniger bekannten Persönlichkeiten, obwohl er einen interessanten Lebenslauf aufweist und auch unternehmerisch in Erscheinung trat. Der ehemalige kaiserliche Seeflieger verlegte seine Aero Sport GmbH vom Warnemünder Breitling nach Ribnitz. 1934 begannen die Bauarbeiten am Körkwitzer Weg beim Ribnitzer See, einem Teil des Saaler Bodden. Ähnlich wie Heinkel, für den er einst in Brandenburg-Briest als Einflieger tätig gewesen war, legte Bachmann Wert auf gute Produktions- und soziale Bedingungen.

Das umfasste auch den umfangreichen Bau von Werkswohnungen und einer ganzen Siedlung. Viele dieser Bauten existieren noch heute, so die bogenförmige geklinkerte Häuserzeile in der Ribnitzer Bahnhofstraße. In fünf Jahren wuchs damit der Wohnungsbestand der Stadt um etwa 50 Prozent. Die Firma konzentrierte sich auf die Reparatur von Seeflugzeugen, zumeist Typen von Heinkel. Besondere Bedeutung erlangte hierbei die Umrüstung von Schwimmerflugzeugen des Typs He 59 für den Seenotdienst der deutschen Luftwaffe, der an allen Fronten operierte und ungeachtet der Nationalität Tausenden Fliegern das Leben rettete. Für das Bordflugzeug Ar 196 und den Bomber He 111 wurde Bachmann Reparaturstammbetrieb.

Die direkt am Bodden gelegenen Hallen ermöglichten den Werkseinflugbetrieb der Seeflugzeuge. Soweit Landflugzeuge instand zu setzen waren, wurde der Flugplatz des nahegelegenen Fliegerhorstes Pütnitz genutzt. Die Verbindung zwischen Werk und Flugplatz wurde durch den Einsatz von Flößen oder Schleppkähnen sichergestellt, wie dies z.B. auch bei Weserflug in Bremen (Nr. 6) geschah. Auch die Bachmann-Werke wurden durch das Reichsluftfahrtministerium großzügig gefördert und finanziell unterstützt. Mit Kriegsbeginn nahm die Teilefertigung für andere Hersteller an Umfang deutlich zu, ohne dass dadurch der Reparatursektor beeinträchtigt wurde. Der Arbeitskräftebedarf (es waren bis zu 3.000 Beschäftigte) war nur noch durch den Einsatz von Fremd- und Zwangsarbeitern zu decken, deren Lebens- und Arbeitsbedingungen sich im Wesentlichen nicht von denen in anderen Rüstungsbetrieben unterschieden. Die Bachmann-Werke besaßen in Barth ein Zweigwerk und im norwegischen Horten einen Frontreparaturbetrieb.

Trotz mehrerer alliierter Luftangriffe blieben die Anlagen weitgehend unbeschädigt. Am 1. Mai 1945 wurde Ribnitz von der Roten Armee besetzt und Bachmann enteignet. Die Anlagen wurden weitestgehend demontiert und abgebrochen. Einige Gebäude der Verwaltung und Konstruktion blieben erhalten und wurden ab Mitte der 1950er-Jahre durch den VEB Faserplatten weiter genutzt. Bachmann war noch bis 1947 um eine Rückübertragung und eine zivile Weiternutzung bemüht, dies blieb aber erfolglos. Dass er aber noch über ein Jahr in Ribnitz blieb, dokumentiert wohl, dass seine ambivalente Haltung zum NS-Regime vonseiten der Sowjetischen Militäradministration in Deutschland „honoriert“ worden ist.

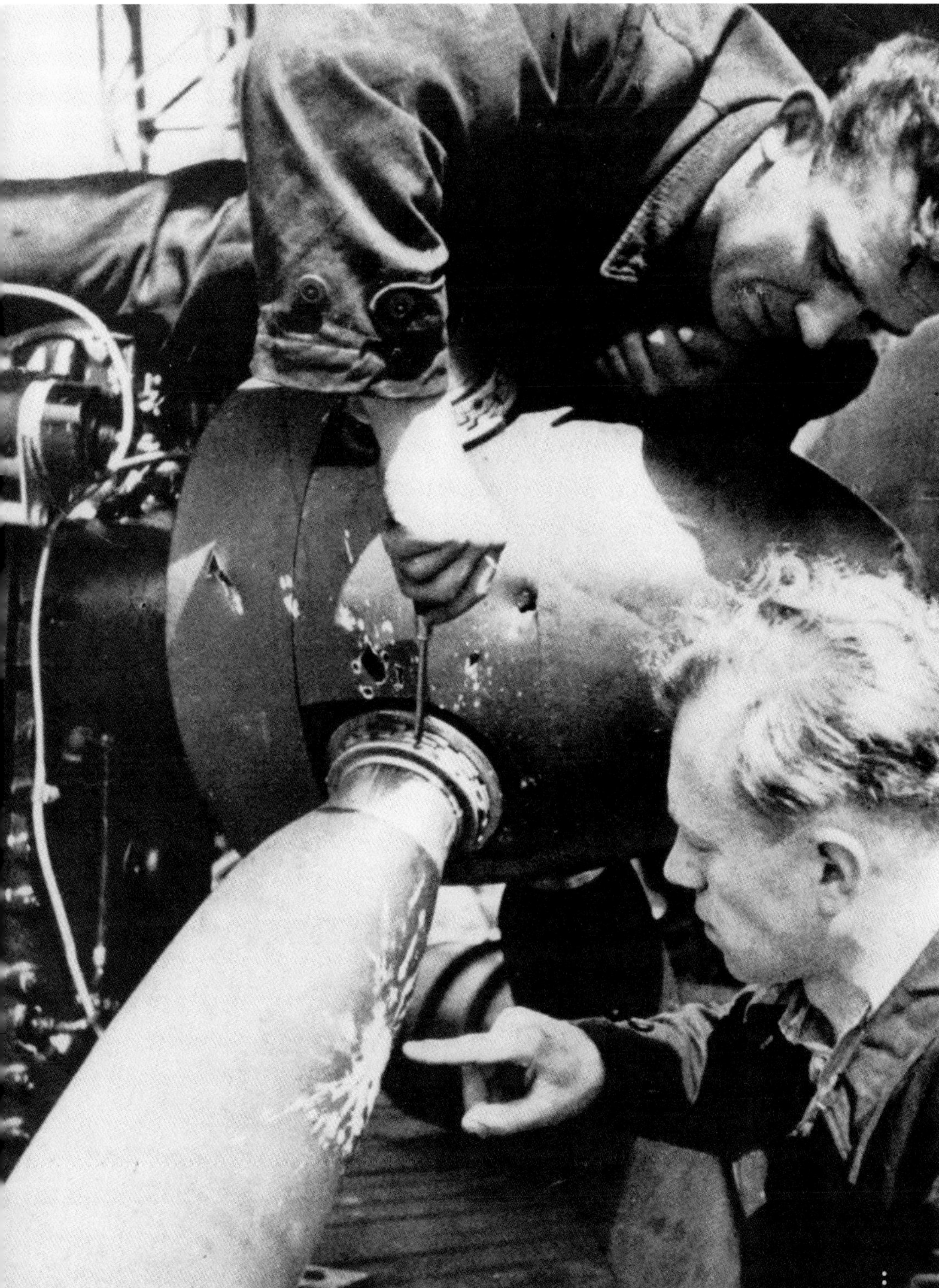

Techniker der Werft bei der Befundung von Beschussschäden am Triebwerk eines Flugbootes Dornier Do 18 (1942).

39 Rostock – Soziales Wirken und Zwangsarbeit an der Warnow

Einer der bedeutendsten deutschen Flugzeugproduzenten war das Unternehmen von Ernst Heinkel. Ohne jeden Zweifel war Heinkel eine sehr in die Politik der Mächtigen seiner Zeit verstrickte Persönlichkeit. Einerseits war er ein begnadeter Konstrukteur und gewiefter Unternehmer, andererseits stand er dem NS-Regime nahe und tolerierte die NS-Verbrechen im eigenen Verantwortungsbereich.

Heinkel, der in Stuttgart Maschinenbau studiert hatte, baute frühzeitig nach Plänen des Franzosen Henri Farman einen eigenen Flugapparat und führte selbst eine Vielzahl von Flügen durch. Seine ersten beruflichen Erfahrungen sammelte er bei den Flugzeugfirmen LVG, Albatros, Hansa-Brandenburg und Caspar, bevor er in Warnemünde/Hohe Düne (Nr. 52) 1922 seine erste eigene Firma gründete, die 1933 in Warnemünde (Nr. 51) selbst einen neuen Standort erhielt. Sein unternehmerischer Drang beim Flugzeugbau musste dazu führen, dass er seitdem mit dem NS-Regime eng zusammenarbeitete. Die Expansion des Unternehmens und der Mangel an Grund und Boden in Warnemünde führten zum Ankauf eines Fabrikgeländes an der Warnow westlich des Rostocker Kabutzenhofes. Aber auch dort konnte die anlaufende Serienproduktion z.B. der He 111 nicht gewährleistet werden, zudem fehlte ein den Anforderungen entsprechendes Fluggelände. 1934 erwarb Heinkel ein unbebautes Gelände am linken Ufer der Unterwarnow in Marienehe. Auf der grünen Wiese entstanden eine neue Fertigungsstätte und ein ausgedehnter Flugplatz mit mehreren befestigten Start- und Landebahnen. 1935 konnte dort mit etwa 3.000 Beschäftigten die Arbeit aufgenommen werden. Selbst aus heutiger Betrachtung waren sowohl die architektonische Gestaltung der Gebäude, die Funktionalität und der Produktionsablauf wie auch die sozialen Bedingungen für die Arbeitskräfte von einer ganz neuen, bisher unbekannten Qualität und beispielgebend. Noch deutlich ausgeprägter war dies später im Serienwerk Oranienburg.

Die dortige Fertigung war notwendig geworden, weil selbst Marienehe für die Produktion von Großserien nicht mehr ausreichte. In den Rostocker Anlagen verblieben die Entwicklung, die Konstruktion und der Versuchs- und Musterbau. Heinkel war frühzeitig davon überzeugt, dass das Flugzeug der Zukunft ohne Propeller fliegen würde. Das in Marienehe entworfene Raketenflugzeug He 176 wie auch das Düsenflugzeug He 178 waren weltweit die ersten fliegenden Exemplare dieser Art. In Marienehe hatte Hans-Joachim Pabst von Ohain das erste Düsentriebwerk der Welt, das HeS 3b entwickelt. Die Firma hatte jedoch enorme Schwierigkeiten mit diesem Triebwerk wie mit der Weiterentwicklung HeS 8. Aufgrund der größeren Konstruktions- und Produktionskapazitäten für die Fertigung von Flugzeugtriebwerken beauftragte das Reichsluftfahrtministerium die Firmen Junkers und BMW mit der weiteren Arbeit. Dagegen konnte Heinkel in der Produktion von Flugzeugen wie z.B. des Nachtjägers He 219 „Uhu" und des Düsenjägers He 162 seine Kompetenz im

Sportflugzeuge spielten bei Heinkel eine eher untergeordnete Rolle im Produktionsprogramm. Hier einer von nur zwei gefertigten Eindeckern HE 18 mit der Baunummer 215 mit Siemens-Sternmotor Sh 5. Die im Bild gezeigte D-596 machte am 23. Mai 1925 Bruch.

modernen Flugzeugbau nachweisen. Auch der weltweit erste, erfolgreich eingesetzte Schleudersitz entstand bei Heinkel in Marienehe.

Die Werksanlagen an der Warnow unterlagen nach dem Mai 1945 der Demontage und der teilweisen Zerstörung. Im Gegensatz zu anderen Flugzeugwerken unterblieb allerdings weitestgehend eine zeitweilige Nachfertigung von Erzeugnissen. Dokumente, Geräte und Berichte unterlagen der Beschlagnahme und dem Abtransport in die Sowjetunion genauso wie die Vernehmung und die teilweise Verbringung der Spezialisten und ihrer Familien dorthin. Auf dem Gelände der Rostocker Fertigungsstätten entstanden die Neptunwerft und das Fischkombinat Marienehe. Noch bis in die 1950er-Jahre waren die Pisten des Flugplatzes vorhanden. Trotz der Nachkriegsereignisse blieben eine Reihe von Bauten der Heinkel-Ära in Rostock erhalten, so die Werkssiedlung, die Heinkel-Villa in der Warnemünder Seestraße 15 und das Hotel „Stoltera" im Westen Warnemündes, das im Krieg zeitweise das Konstruktionsbüro beherbergt hatte. Wie auch anderorts ist der Umgang mit dem historischen Erbe der NS-Zeit ein sehr emotional geprägter und diffiziler Prozess. Allein die Auseinandersetzungen um die sogenannte „Heinkelmauer", der Rest einer ehemaligen Werksanlage, zeigt dies. Es ist aber auch eine Chance zur Geschichtsverarbeitung. Einige Stelen und Tafeln am Rostocker Holbeinplatz weisen auf diesen Teil der Geschichte hin.

40 Schleswig – Der letzte Flug der deutschen Luftwaffe

Unter den Luftfahrtstandorten Schleswig-Holsteins hat die Stadt Schleswig eine besondere geschichtliche Bedeutung. In und bei Schleswig entstanden gleich zwei dem Militär gehörende Flugplätze, Schleswig (Land) und Schleswig (See), beide wurden parallel errichtet und 1935 in Betrieb genommen. Die Geschichte des bei Jagel gelegenen Fliegerhorsts Schleswig (Nr. 20), heute Heimatplatz des Taktischen Luftwaffengeschwaders 51, früher Schleswig (Land), reicht bis in die Zeit des Ersten Weltkrieges zurück, in dem er als Ausweich- und Notlandeplatz der kaiserlichen Fliegerkräfte diente. Schleswig (See) war bis 1945, östlich der Stadt am Nordufer der Schlei gelegen, beim Flugbetrieb und vom Ausbauzustand der weitaus bedeutendere Platz von beiden. Er gewährleistete den Einsatz der Küstenfliegergruppen an Ost- und Nordsee wie auch den Schulbetrieb der Blindflugschule (See) Schleswig. Ausgerechnet bei der deutschen Beteiligung am Spanienkrieg mit der „Legion Condor“ erlangte er allerdings eine erhöhte Aufmerksamkeit, wurde doch hier ein Teil des für Spanien bestimmten Luftwaffenpersonals vor allem im Blind- und Nachtflug auf den Einsatz vorbereitet. Der Platz wurde zum sogenannten „Friedensstandort“ als höchster Ausbaustufe der Luftwaffe aufgerüstet. Wichtig wurde Schleswig (Land) wieder bei der Reichsluftverteidigung als Nachtjägerfliegerhorst zur Abwehr der vor allem britischen Bomberverbände in ihrer Haupteinflugrichtung. Von hier aus starteten ab September 1944 auch Bomber des Typs He 111 mit untergehängten V 1-Flügelgeschossen gegen Ziele in England. Aber diese wie auch die zuletzt von hier aus eingesetzten Düsenflugzeuge der Typen Me 262 und Arado Ar 234 konnten das Blatt nicht mehr wenden.

Trotz des verzögerten Einmarschs britischer Bodentruppen, am 10. Mai 1945 hatten sie erst den Nord-Ostsee-Kanal erreicht, besetzten britische fliegende Verbände schon am 5. Mai beide Flugplätze Schleswigs. Bis über den 8. Mai hinaus landeten noch deutsche Flugzeuge aus Norwegen und dem Osten, teilweise mit Flüchtlingen an Bord. Die spektakulärste Operation war aber ohne Zweifel am 18. Juni 1945 die erfolgreiche Rückführung von fünfzehn Do-24-Flugbooten der Seenotgruppe 81 unter Karl Born (Nr. 3 und 11) und des Flugsicherungsfahrzeuges BP 41, die mit dem aufgemalten Roten Kreuz unter Begleitung britischer Jagdbomber von Guldborg (Dänemark) etwa 1.000 Personen, darunter 450 Verwundete, zurückführten und unbeschadet auf der Schlei landeten – 40 Tage nach Kriegsende!

Weithin unbekannt ist die Rolle des Landflugplatzes Schleswig im Rahmen der Luftbrücke 1948/49. Nach einer mit deutschen Arbeitskräften vorgenommenen umfangreichen Erweiterung der Flugbetriebsflächen und Hallenkapazitäten begann am 11. November 1948 der Airlift im Rahmen des britischen Anteils (Operation „Plainfare“). Mit insgesamt etwa 14 Prozent der gesamten Luftbrückenflugleistungen, das waren etwa 75.000 Tonnen Material, hatte Schleswig einen bedeutenden Anteil an der Versorgung Berlins, sieben Flieger kamen dabei ums Leben.

Flugboot vom Typ Dornier Do 24. Mit diesen Flugzeugen verlegte die Seenotgruppe 81 am 18. Juni 1945 von Guldborg (DK) nach Schleswig.

Erinnerungstafel an dieses Ereignis, auch in Würdigung der Haltung der Royal Air Force.

41 Schwerin – Fokkers Dreidecker aus Mecklenburg

Aus historischer Sicht ist Schwerin mit zwei Persönlichkeiten verbunden, die über lange Jahre und über die Grenzen hinweg die Luftfahrt prägten – Ludwig Bölkow und Anthony Fokker. Der aus Schwerin gebürtige Bölkow war jahrzehntelang einer der bedeutendsten Luftfahrtingenieure und -unternehmer. Mit dem Unternehmen MBB (Messerschmitt-Bölkow-Blohm) gelang es nach dem Zweiten Weltkrieg, die deutsche Luftfahrtindustrie Schritt für Schritt wieder an die Spitze zu führen. Daraus entstand schließlich der Airbus-Konzern. Der Niederländer Fokker konstruierte und produzierte für das Militär erfolgreiche Jagdflugzeuge in Schwerin.

Er hatte vor dem Ersten Weltkrieg am Rand des Flugfeldes Johannisthal bei Berlin eine Firma für Militärflugzeuge aufgebaut. Die Produktion musste wegen des zu eng gewordenen Grundstücks verlegt werden. Schwerin bot im Stadtteil Görris ein Gelände mit ausreichend Fläche für das Werk an, daneben lag bereits ein Flugplatz. Fokker, der im Jahr 1911 das Zeugnis für Flugzeugführer Nr. 88 erworben hatte, erzielte 1915 einen spektakulären und finanziell lukrativen Erfolg, indem er eine französische Neuerung weiterentwickelte. Der bekannte französische Flieger Roland Garros war an der Westfront hinter den deutschen Linien abgeschossen worden. Das MG seiner Maschine schoss erstmalig durch den Propellerkreis, sodass das Zielen mit dem ganzen Flugzeug ermöglicht wurde. Fokker und seine Ingenieure Lübbe und Heber entwickelten das System weiter, indem sie die Nockenwelle des Motors über ein Gestänge mit dem Abzug des Bord-MG verbanden, sodass die Schüsse nur ausgelöst wurden, wenn die Propellerblätter den Schusssektor verlassen hatten. Damit war das „Jagdflugzeug“ entstanden, seitdem untrennbar mit dem Namen Fokker verbunden. Neben dieser Konstruktion wurde der dicke, freitragende Tragflügel zum Markenzeichen des Unternehmens. Die bekanntesten Erzeugnisse waren der Dreidecker Dr.I (vor allem durch Manfred von Richthofen bekannt) und der in etwa 3.000 Stück produzierte Doppeldecker D.VII, das beste Jagdflugzeug seiner Zeit.

Spektakulär war auch das Ende der Schweriner Fokker-Produktion. Mit den Vertragsbestimmungen von Versailles waren ab 1919 vorerst der Bau und der Betrieb von Motorflugzeugen in Deutschland verboten, darüber wachte die Interalliierte Luftfahrt-Überwachungs-Kommission (ILÜK). Fokker gelang es, buchstäblich in mehreren Nacht-und-Nebel-Aktionen ganze Güterzüge mit Flugzeugen, Flugzeugteilen und Produktionsmaterial beladen zu lassen und in die Niederlande zu bringen. Die dortigen Fokker-Werke waren bis nach dem Zweiten Weltkrieg sehr erfolgreiche Produzenten verschiedenster Flugzeugmuster.

Der Flugplatz Görris wurde bis 1927 als Verkehrsflugplatz genutzt. Als er zunehmend defizitär wurde, verpachtete die Stadt 1932 den Platz an die Firma Siebel, aber auch das war ein Fehlschlag. Es kam, wie es zu dieser Zeit kommen musste – 1935 übernahm die neue Luftwaffe den Platz. 1944 wurden dort

Anthony Fokker, auf diesem Bild mit einer Rumplertaube.

auch Jagdflugzeuge Fw 190 produziert, aber nach schweren Bombenangriffen im August 1944 war ein Großteil der Anlagen zerstört. Am 2. Mai besetzten US-Truppen die Stadt, die am 1. Juli an die Sowjets übergeben wurde. In den Folgejahren gab es bis auf eine Teilnutzung durch sowjetische Hubschraubereinheiten keine fliegerische Nutzung mehr.

42 Stralsund – Flügel über dem Strelasund

Die Hansestadt Stralsund mit ihren Hafen- und Werftanlagen hatte bereits in der Frühzeit der Fliegerei eine herausgehobene Stellung, allerdings ist dies heute ein fast vergessenes Kapitel des deutschen Flugwesens. Am Anfang stand die Gründung der Luftfahrzeug-Gesellschaft mbH (LFG) im April 1908 in Berlin. Erste Erzeugnisse waren Prall-Luftschiffe von August von Parseval, der sich nach seinen Versuchen in Plau am See (Nr. 33) diesen Konstruktionen zugewandt hatte. Nach der Aufnahme der Flugzeugproduktion im Ersten Weltkrieg in Johannisthal bei Berlin und von Wasserflugzeugen in Bitterfeld gab es das Problem der Erprobung an der See. Schließlich fiel die Wahl auf einen kleinen Stützpunkt der Kaiserlichen Marine südlich von Stralsund bei Zitterpennigshagen an der Deviner Bucht.

Luftbild der Marinetechnikschule (MTS) in Parow bei Stralsund.

Auf diesem Gelände wurde im Oktober 1917 mit der Montage von Seeflugzeugen für die Marine begonnen. Mit Kriegsende wandte man sich hier anfangs der Umrüstung noch vorhandener Militärflugzeuge aus der Friedrichshafener Fertigung in Passagierflugzeuge zu. Nach Aufhebung der Baubeschränkungen begann eine rege Konstruktions- und Fertigungsphase eigener Typen, die aber auch wegen der aufstrebenden Konkurrenz kaum einen Durchbruch erzielen konnten. Aus der Reihe der Eigenkonstruktionen erlangten nur die Schwimmerflugzeuge vom Typ V 13 „Strela See“ und die Radflugzeuge des Typs V 130 „Strela Land“ einige Bedeutung, da sie im Passagierverkehr von ausländischen Gesellschaften und von der eigenen Tochtergesellschaft Luftverkehr Pommern GmbH sowohl im Liniendienst als auch bei den sehr beliebten Rund- und Seebäderflügen eingesetzt wurden. Aufgrund der nicht ausreichenden Kapitaldecke wurde das Stralsunder Unternehmen 1927 an die Rohrbach Metallflugzeugbau GmbH in Berlin verkauft.

Von wesentlich größerer Bedeutung war der ab 1935 errichtete Seefliegerhorst der Wehrmacht. Obwohl für die Belange der Kriegsmarine aufgebaut, waren die Seeflieger der Luftwaffe unterstellt, getreu der Festlegung Görings, „alles was fliegt, gehört mir“. Das Gelände lag nördlich der Stadt hinter dem Dorf Parow, direkt am Strelasund. Die Lage an den inneren Seegewässern war für den Zweck bestens geeignet. Der Fliegerhorst verfügte über einen Landflugplatz sowie über sieben Hallen für die Flugzeuge, Ablaufbahnen für die Seeflugzeuge, Werkstätten, eine Hafenanlage für kleinere Schiffe und Boote, geräumige Unterkünfte und soziale Einrichtungen. Die Fliegerwaffenschule See nahm 1937 den Dienstbetrieb auf und führte ab 1942 die Bezeichnung Kampfbeobachterschule 4. Hier erfolgte die Spezialausbildung des fliegenden Personals für den Waffeneinsatz über See, auch unter Nutzung der Anlagen des benachbarten Seefliegerhorstes Bug/Rügen (Nr. 11). Beide Horste waren zudem Standorte für Teile des Seenotdienstes der Luftwaffe, vor allem der Seenotgruppe 81.

Zerstörungen durch Bombardierungen oder durch Kampfhandlungen waren in Parow im Mai 1945 kaum zu verzeichnen. Die sowjetischen Behörden verfügten die Demontage der Stahlbauhallen sowie mit Ausnahme einiger Kasernengebäude, die als Flüchtlingsunterkünfte genutzt wurden, die Zerstörung der Anlagen. Die Seepolizei der DDR übernahm mit ihrem Aufbau ab 1950 das gesamte Gelände, das in der Folge die Seepolizeischule, später die Flottenschule der Volksmarine beherbergte. Diese war zuständig für die Ausbildung der Matrosen- und Unteroffiziersspezialisten für die Flotte, anfänglich bis in die 1960er-Jahre auch für einen Teil des Offiziersnachwuchses in Speziallaufbahnen. Ab 1959 begann der Aufbau der ersten fliegenden Einheit der Volksmarine, des Marine-Hubschraubergeschwaders MHG-18. Mit seinen U-Jagd-, Minenabwehr-, Transport- und Kampfhubschraubern der Typen Mi-4, Mi-8 sowie Mi-14 in ihren verschiedenen Versionen erfüllte es Aufgaben über See im Zusammenwirken mit den Flottenkräften. Dieser Verband errang vor allem mit seinen umfangreichen und komplizierten Einsätzen im Extremwinter 1978/79 ein hohes Ansehen in der Bevölkerung. Heute ist auf dem Gelände nach einem umfangreichen Bau- und Modernisierungsprogramm die Marinetechnikschule Stralsund-Parow der Deutschen Marine beheimatet.

43 Tarnewitz – Das Flugfeld auf dem Grund der Ostsee

Bereits unmittelbar nach 1933 erkannte das zuständige RLM, dass die Flugzeugwaffenerprobung eine eigene Erprobungsstelle benötigen würde. Allein der technische Fortschritt im Flugwesen erforderte ein entsprechendes Erprobungsäquivalent, zwar relativ verkehrsgünstig gelegen, aber abgeschieden genug. Die für die Suche beauftragte E-Stelle Travemünde und die Bauabteilung Kiel einigten sich recht schnell auf ein Gelände am Wohlenberger Wiek, ca. 20 Kilometer westlich von Wismar. Im Rahmen der E-Stellen der deutschen Luftwaffe war Tarnewitz nahezu ausschließlich für die Erprobung von Bordwaffen und Abwurfmunition vorgesehen. Eine Ausnahme bildeten die ferngelenkten Waffen, die in die Zuständigkeit der E-Stelle Peenemünde fielen. Tarnewitz ist dem heute bekannteren Ostseebad Boltenhagen benachbart, damals waren beide Orte über die Region hinaus weitgehend unbekannt. Der Standort war also ideal für eine so heikle Sache wie die Waffenerprobung. Aufgrund der Geländestruktur ließ sich noch nicht einmal ein unbedingt notwendiger Flugplatz anlegen. So entstand die Idee, eine ausgedehnte Untiefe mittels Spundwänden einzudeichen und mit Sand aufzufüllen. Kaum noch einmal in Deutschland zu finden, füllte man die gesamte eingedeichte Fläche des neuen Flugfeldes nunmehr mit Bitumen auf, sodass eine nahezu kreisrunde Fläche im Durchmesser von 1.000 Metern befestigt war und für Starts und Landungen zur Verfügung stand. Die in den See hineinragende Struktur des Flugfeldes bot günstigste Bedingungen für die Erprobung von Bordwaffen und deren Munition. Noch heute ist diese Struktur im Luft- oder Satellitenbild deutlich sichtbar. Die freie See davor war bestens geeignet, um Schießübungen aller Art abzuhalten, die Waffen also im scharfen Schuss sowohl von verschiedenen Feuerstellungen am Boden als auch aus der Luft zu erproben. Die Flugplatzbauten gruppierten sich in der südwestlichen Ecke und am Westrand des Standorts. Nach personellen und materiellen Engpässen in den Jahren 1937/38 begann sich die Situation Anfang 1939 zu stabilisieren, da die Industrie neue Flugzeugwaffen für die Erprobung zur Verfügung stellte. Auffallend dabei war die Tendenz zur Vergrößerung der Kaliber (bisher war die Standardwaffe das Bord-MG 7,9 mm) hin zur 20-Millimeter- und 30-Millimeter-Bordkanone mit hoher Schussfolge, um die 1.000 Schuss pro Minute. Erprobt und teilweise in die Bewaffnung eingeführt wurden auch Abschussvorrichtungen für ungelenkte Raketen von 73, 120 und 210 Millimetern, entweder drall- oder flächenstabilisiert. Eine der wirksamsten Raketen war die R4M, die erfolgreich gegen die alliierten Bomberverbände zum Einsatz kam.

Ab 1940 galt das Augenmerk neben diesen Entwicklungen vorrangig der Erprobung elektro-hydraulisch betriebener Abwehrstände für Bomber-Zwillings- und Vierlingsstände und von Waffensystemen für Nachtjäger wie der sogenannten „schrägen Musik“. So wurden im Jargon Bordkanonen bezeichnet, die starr nach oben im Rumpf eingebaut waren und es ermöglichten, dass der Jäger, zunehmend durch Radar an das Ziel geleitet, dieses

Blick auf den Jachthafen von Tarnewitz. Die gesamte bewaldete Fläche rechts war der ehemalige Flugplatz der E-Stelle.

unterflog und dabei die Schrägwaffen mittels Fotozelle automatisch ausgelöst wurden. Die Tendenz, immer größere Kaliber bis hin zur Flak von 8,8 Zentimetern in Flugzeuge einzubauen, erwies sich aus Festigkeitsgründen als eine Sackgasse. Erfolgreich war nur die Verwendung der 3,7-Zentimeter-Flak in je einem Behälter unter den Flächen der als Stuka bereits unbrauchbaren Junkers Ju 87, die als Schlachtflugzeug, vor allem gegen Panzer eingesetzt, sehr effektiv war.

Auch für die E-Stelle Tarnewitz war das Ende unausweichlich, mit einem Unterschied: Trotz der Kenntnis der Alliierten von ihrer Bedeutung blieb sie bis auf vereinzelte Jagdbomberangriffe von jeder anderen Bombardierung verschont. Die Ursachen dafür liegen bis heute im Dunkeln. Da man mit der Besetzung durch die westlichen Alliierten rechnete, wurden Personal, Gerät und Dokumente ausgelagert. Als erste Alliierte erschienen Anfang Mai 1945 amerikanische Einheiten, die Restbestände von Dokumenten beschlagnahmten, danach übernahmen im Juni englische Soldaten das Gelände, die vor allem das noch vorhandene Gerät interessierte. Einen Monat später folgten sowjetische Einheiten, die sich damit befassten, gründlich alle Anlagen zu demontieren oder zu zerstören. In kurzer Zeit blieb mit Ausnahme der heute noch vorhandenen Wohngebäude in Boltenhagen nur eine Trümmerwüste übrig. Erst ab Mitte der 1950er-Jahre erfolgte bis 1990 eine neue militärische Nutzung durch die Volksmarine der DDR und die Grenzbrigade Küste. Inzwischen ist das gesamte Areal bis auf wenige sichtbare Reste wieder in den ungestörten Besitz der Natur übergegangen.

44 Tondern – Ein Standort in zwei Ländern

Anziehungspunkt für viele Dänemarkfreunde, nicht nur zur Weihnachtszeit ob seiner attraktiven Feststimmung oder wegen des Musikfestivals hochgeschätzt, ist die südjütländische Kleinstadt Tønder an der Grenze zu Schleswig-Holstein. Sie ist auch ein Magnet für heiratswillige Paare vor allem von jenseits der Grenze. Die Stadt fiel nach dem deutsch-dänischen Krieg von 1864 an Preußen und gehörte unter dem Namen Tondern bis nach dem Ende des Weltkrieges 1920 zum Deutschen Reich. Kaum bekannt ist, dass sie in jener Zeit aufgrund ihrer geografischen Lage einer der wichtigsten Stützpunkte der kaiserlichen Marineluftschiffe war.

Besonders am Anfang waren die Luftschiffe für das deutsche Militär das effektivste Mittel zur Aufklärung über See und spätestens mit Beginn des Jahres 1915 das einzige, um Bombenangriffe bis nach England hinein durchführen zu können. Im Gegensatz zum Basierungssystem an der ostfriesischen Küste fehlte zunächst im Bereich der nördlichen Nordsee jede Stationierungsmöglichkeit. Dieser Nachteil wurde sichtbar, als bereits in den ersten Monaten des Jahres 1915 die Marineluftschiffe L 3 und L 4 wegen Schlechtwetter und Schäden an der jütländischen Westküste verloren gingen. Schnell sollte daher möglichst im Umkreis der Insel Sylt ein Stützpunkt errichtet werden. Die Wahl fiel auf Tondern. Entscheidend war auch die Lage an den wichtigen Eisenbahnverbindungen zwischen Hamburg und Fredericia bzw. Esbjerg.

Die ersten beiden Einzelhallen „Marina" und „Joachim" wurden schon im März und April 1915 übergeben. Mit ihren Abmessungen von 180 Metern Länge, 31 Metern Höhe und 40 Metern Breite gehörten sie zu den kleineren ihrer Art. Am 23. März fand die erste Landung eines Schiffes statt. Es war das unter der Führung von Hauptmann Stelling stehende Parseval PL-25. Im Gegensatz zu den Schiffen der Hersteller Zeppelin und Schütte-Lanz war dies kein Starr-, sondern ein Prall-Luftschiff. Diese Bauausführung erreichte im militärischen Einsatz niemals die Bedeutung der Zeppelin- und SL-Luftschiffe. Sie wurden als Ausbildungsfahrzeuge aufgebraucht. Die rasch zunehmenden Aktivitäten in der Nordsee hatten zur Folge, dass mehr und mehr Schiffe nach Tondern verlegt wurden bzw. von hier aus operierten. Entsprechend nahm die Bedeutung dieses Standortes zu. Eine Folge der geringen Hallenkapazität war, dass Schiffe teilweise „im Freien kampieren" mussten. Eigentlich unhaltbar für ihre Einsatzfähigkeit, die durch Nässe, Schneefall und die unvermeidbaren Windeinflüsse deutlich verringert wurde. Zudem zwangen die durch Nässe hervorgerufenen Klebstoffprobleme der hölzernen Gerippe der SL-Schiffe dazu, dass ununterbrochen Arbeitstrupps des Herstellers auf den Einsatzbasen der Luftschiffe des Heeres und der Marine zu Reparaturzwecken unterwegs waren. Im November 1915 ging die von M.A.N. errichtete Doppelhalle in Betrieb, ein wahrer Gigant. Noch während des Baus war sie von ursprünglich 180 Metern auf 242 Meter verlängert worden, ihre Höhe betrug 42 Meter, die Breite 73 Meter. Sie wurde auf den Namen „Toska" getauft, die

Das Luftschiff „Hansa" (LZ 13) der DELAG über Schiffen der kaiserlichen Flotte während eines Manövers vor dem Krieg. Obwohl in zivilen Diensten, wurde das Schiff bei Übungen zum Zweck der Aufklärung verwendet. Mit Kriegsausbruch wurde es kurze Zeit für Aufklärungsfahrten, später als Schulschiff eingesetzt und 1916 abgebrochen.

anderen beiden Hallen wurden umbenannt und erhielten die neuen Namen „Toni" und „Tobias". Damit folgte man auch hier der Festlegung, die Anfangsbuchstaben der Hallennamen denen des nächstliegenden Ortes anzupassen.

Zum Standort gehörte auch ein Gaswerk, das ebenfalls im November fertig wurde und die am Platz befindlichen unter- und oberirdischen Tankanlagen mit dem Traggas Wasserstoff befüllte. Die Produktionskapazität von bis zu 8.000 Kubikmetern in 24 Stunden reichte aber nicht aus und auch nicht das Fassungsvermögen der Tankanlagen von 56.000 Kubikmetern, um die Schiffe autark zu versorgen. Zusätzlich musste durch Kesselwagenzüge der Eisenbahn Gas angeliefert werden. Der Luftschiffhafen Tondern umfasste außerdem eine der beiden Telefunken-Kompass-Sendeanlagen (die andere befand sich in Bedburg-Hau bei Cleve am Niederrhein), die der Navigation der Marineluftschiffe und der G- sowie R-Flugzeuge (Groß- und Riesenflugzeuge) im gesamten Nordseeraum und über England dienten (Nr. 47). Beide Anlagen wurden 1921 vollständig abgebaut.

In Tønder erinnern heute einige Gebäude und wenige Fundamentreste der Hallen an die Luftschiffzeit im „hohen Norden". Einen umfassenden Eindruck gewinnt man allerdings nur, wenn man die sehr sehenswerte Sammlung im Zeppelin- und Garnisonsmuseum Tønder in Augenschein nimmt (www.zeppelin-museum.dk). In jedem Fall ist eine sachkundige Führung durch Museumsmitarbeiter, zudem in einem landschaftlich reizvollen Gebiet, sehr zu empfehlen.

45 Tondern – Flugzeugträger gegen Zeppeline

Nur wenige Tage nach der Inbetriebnahme der Halle „Toska“ in Tondern hangarierte darin am 17. November 1915 das Luftschiff L 18 unter Kommandant Kapitänleutnant Max Dietrich. Einen Tag danach wurde L 18 mit Gas befüllt, wobei ein Feuer ausbrach, in dessen Folge das Schiff total ausbrannte. Der schlechte Ruf von „Toska“ wurde durch weitere Vorfälle bestätigt, es schien ein böses Omen über der Halle zu hängen.

Am 17. April 1916 wurde L 22 unter demselben Kommandanten von Nordholz zurück nach Tondern verlegt. Beim Versuch, trotz der widrigen Windverhältnisse einzuhallen, verlor die Haltemannschaft die Kontrolle über das Schiff und es kollidierte heftig mit dem elektrisch betriebenen Hallentor. Vor allem das Schiff wurde im vorderen Teil stark beschädigt. Acht Monate nach diesem Unfall sollte L 24 unter Oberleutnant zur See Friemel am 28. Dezember bei Starkwind in die Halle bugsiert werden. Dabei wurde eine Hallenleuchte beschädigt, deren Kurzschluss zu einem Feuer führte, in dessen Folge L 24 und L 17 total abbrannten. Aber das entscheidende Desaster sollte erst noch kommen.

Bereits im März 1916 hatten fünf britische Flugzeuge, von Deck des Hilfsflugzeugträgers „HMS Vindex“ der Royal Navy startend, versucht, Tondern anzugreifen. Dies schlug fehl, die Flugzeuge fanden das Ziel nicht und nur zwei konnten zum Träger zurückkehren, die anderen Flugzeuge blieben vermisst. Ein weiterer Versuch am 4. Mai 1916 schlug ebenfalls fehl. Die von „HMS Vindex“ und „HMS Engadine“ gestarteten elf Flugzeuge des Typs Sopwith fanden das Ziel wegen Nebel nicht. Am 19. Oktober 1917 starteten L 54 unter Kapitänleutnant Buttlar-Brandenfels und L 45 unter Kapitänleutnant Kölle zu

Zeitgenössische Aufnahme der Furious mit zwei startbereiten Sopwith Camel auf dem vorderen Flugdeck.

einem Angriff auf England. Während L 54 heil zurückkehrte, geriet L 45 in einen starken Sturm und wurde weit nach Süden abgetrieben. Infolge der Schäden und wegen Brennstoffmangel musste es bei Sisteron (Südfrankreich) notlanden, die Besatzung wurde gefangen genommen. Bei der Vernehmung wurde Kölle recht schnell klar, dass die Briten über Tondern außergewöhnlich gut Bescheid wussten. Es war zu vermuten, dass dort Verbindungsleute für sie tätig waren. Kölle gelang es, bis heute nicht erklärbar, dem Führer der Luftschiffe Peter Strasser davon eine schriftliche Nachricht zu übersenden, die ihn am 25. April 1918 auch erreichte.

Die Briten gaben indessen die Versuche, Tondern ob seiner für sie sehr günstigen Lage anzugreifen, nicht auf. Im Gegensatz zu den bisher verwendeten Hilfsträgern stand nunmehr der erste „richtige" Flugzeugträger, die „HMS Furious", zur Verfügung. Bei der Angriffsplanung im Juni 1918 war in Tondern nur noch Halle „Toska" in Betrieb, zu dieser Zeit belegt mit L 54 und mit L 60. Die Royal Navy wählte sieben erfahrene Seeflieger für das Unternehmen aus. Am 18. Juli ging der Träger mit sieben Flugzeugen vom Typ Sopwith Camel und 17 Begleitschiffen in See. Wegen Schlechtwetter wurde das Unternehmen erneut abgebrochen und um 24 Stunden verschoben. Am 19. Juli um 3.30 Uhr startete die erste Gruppe von drei Maschinen, acht Minuten später die zweite mit vier. Vor ihnen lagen 150 Kilometer bei unbeständigem Wetter über der offenen See. Der Kraftstoff reichte gerade für Hin- und Rückflug aus, aber er ermöglichte auch ein Ausweichen nach Dänemark mit anschließender Internierung. Um 4.35 Uhr war die erste Maschine mit Captain Dickson über dem Ziel. Er und die nächsten beiden Piloten Captain Jackson und Lieutenant Williams trafen mit fünf

19. Juli 1918 – die erste Gruppe der britischen Trägerflugzeuge kurz vor dem Start gegen Tondern auf dem Vorderdeck des Flugzeugträgers „HMS Furious".

von sechs geworfenen Bomben „Toska" schwer. Auch die zweite Gruppe war mit drei Fliegern (Smart, Williams und Yeulett) noch erfolgreich. Captain Thyne musste bereits beim Anflug wegen Motorschaden notwassern, konnte aber von einem eigenen Zerstörer gerettet werden. Auf dem Rückflug mussten auch Smart und Dickson von eigenen Zerstörern aufgenommen werden. Jackson, Williams und Dawson erreichten Dänemark und wurden interniert, Yeulett blieb verschollen. Die Halle „Toska" und L 54 sowie L 60 wurden ein Raub der Flammen. Dieses Unternehmen ging in die Militärgeschichte als erster erfolgreicher Einsatz von Flugzeugen eines Trägers auf Landziele ein. Tondern verfügte zwar über eine Fliegerstaffel mit Albatros D.III zur Luftabwehr, diese war aber im Jahr 1918 aufgrund der Lage an den Fronten bereits wieder abgezogen worden. Somit fehlte der Basis die Luftdeckung.

46 Tondern – Gegen alle Regeln und Traditionen

Tondern sorgte mit einem der dort stationierten Luftschiffe noch anderweitig für einen Platz in der Militärgeschichte. Am 31. Januar 1916 stiegen von hier aus L 20 unter Kapitänleutnant Stabbert und L 19 unter Kapitänleutnant Loewe zu einer Angriffsfahrt gegen England auf. Während L 20 ohne Probleme einen Tag später nach Tondern zurückkehrte (es ging später bei Stavanger verloren), geriet L 19 über der Nordsee in Schlechtwetter und verlor über England die Orientierung. Zusätzlich versagten zwei der vier Maybach-Motoren ihren Dienst.

Nach einer angefragten Peilung durch deutsche Radiostationen wurde der Rückmarsch angetreten. Das Schiff wurde von der britischen Küstenwache vor dem Wind treibend am Morgen des 1. Februar letztmalig gesichtet. Bis zum 3. Februar trieb L 19 über Borkum nach Holland hinein, danach aber wieder vollkommen manövrierunfähig auf See hinaus. Über der Insel Ameland schlugen zudem durch schweres Bodenfeuer mehrere Gaszellen leck. Eine Meldung der niederländischen Küstenwache über den Beschuss des Schiffes erreichte am 2. Februar auch die Flottenleitung. Es begann eine umfangreiche Suche durch Marinefahrzeuge, die bis auf den Fund eines im Wasser treibenden Benzinbehälters allerdings ohne Erfolg blieb.

An diesem Tag fing eine deutsche Heeres-Funkstation bei Lille einen Funkspruch auf, dass ein britischer Trawler das Wrack mit Überlebenden in der See treibend gesichtet hätte. Erst die Meldung der britischen Nachrichtenagentur Reuters einige Zeit später brachte endgültige Gewissheit. Der Kapitän des Trawlers hatte den Schiffbrüchigen eine Bergung verweigert. Die gesamte Besatzung von L 19 kam ums Leben. Die Entrüstung sowohl in Deutschland als auch beim Royal Flying Corps RFC und der Royal Navy war groß. Eine allgemeine seemännische Pflicht zur Bergung Schiffbrüchiger war gröblichst

missachtet worden. Bald wurde bekannt, dass es der Fischdampfer „King Stephan“ aus Grimsby unter Kapitän William Martin gewesen war. Er wurde am 23. April 1916 durch das deutsche Torpedoboot G41 aufgebracht, die Besatzung wurde gefangen genommen und das Schiff versenkt.

Sechs Monate nach dem Unglück wurde im August eine Flaschenpost an der schwedischen Küste bei Göteborg gefunden. Sie enthielt den letzten Bericht von Kommandant Loewe an den FdL Strasser sowie Briefe der Besatzungsmitglieder. Ein weiterer Brief vom Obermaschinisten Baumann an seine Frau und seine fünf Kinder, in dem er sich mit bewegenden Worten von ihnen verabschiedete, wurde nach Monaten im Inneren einer Thermosflasche von einem schwedischen Schiff aufgefischt. Datiert war er auf den 1. Februar, 16 Uhr. Im Bericht Loewes war auch der Name des Fischdampfers vermerkt. Dessen Flagge und ein Rettungsring sind heute nebst einem Diorama als Exponate im Aeronauticum Nordholz (Nr. 26) zu besichtigen. Der Verbleib der Originale der fotokopierten Briefe und des Berichts ist bis heute unbekannt.

Zeitgenössische Darstellung des unseemännischen Verhaltens des Kapitäns des britischen Fischdampfers „King Stephan“ gegenüber der Besatzung des in der Nordsee havarierten Marineluftschiffs L 19 (LZ 54).

47 Tondern – Ein Sendemast als Kompass

Die technische Bezeichnung der Funkstation in Tondern lautete „Telefunken-Kompass-Sendeanlage“. Im militärischen Sprachgebrauch wurde die Station allerdings ganz korrekt als „Richtungssendeanlage“ (RSA) bezeichnet. Im „Großen Krieg“ (so wurde und wird der Erste Weltkrieg gelegentlich, in Großbritannien, Frankreich und Italien generell noch heute, genannt) betrieb die Kaiserliche Marine in Tondern einen Funksender zur navigatorischen Sicherstellung des Einsatzes der Luftschiffe zu Bombenangriffen auf Frankreich und Großbritannien. Nach dem Ende der Luftschiffeinsätze erfolgte die Navigation der G- und R-Flugzeuge ebenfalls über diese Sendeanlage.

Bereits um den Jahreswechsel 1916/17 hatte die Rücknahme der Luftschiffe wegen deren teilweise desaströser und verlustreicher Angriffsfahrten begonnen. Die G- und R-Flugzeuge konnten neben der Nutzung der Kompass-Sender die Navigation über die sogenannten Adcock-Peiler u.a. in List auf Sylt, Nordholz, Borkum und anderswo sicherstellen, verfügten somit also über zwei unabhängige Funknavigationsempfänger an Bord. Die Telefunken-Kompass-Sender wurden 1917 errichtet, wobei dieses System bereits seit dem Jahr 1906 entwickelt und verbessert worden war. Es bestand aus 32 je 60 Meter langen Kabeln, die in der Mitte von einem einzigen Mast getragen wurden und die an ihren Enden paarweise in kreisförmiger Anordnung den Boden erreichten und so eine Art Schirm bildeten. Die Kabelpaare waren miteinander so verbunden, dass sie 16 je 120 Meter lange Dipolantennen bildeten. Der Sender war mit allen Dipolantennen verbunden und sendete die Morsecode-Kennung der Station 15 Minuten vor und 15 Minuten nach jeder vollen Stunde. Durch die Stärkemessung des ankommenden Signals an Bord des Luftfahrzeuges mittels einer speziellen Stoppuhr wurde eine Richtungspeilung zur Sendestation ermöglicht. Diese Prozedur wurde fünfmal wiederholt und daraus dann der Mittelwert genommen. Eine gleichartige Messung zur zweiten Sendeanlage in der Nähe des niederrheinischen Bedburg-Hau ermöglichte nunmehr eine ziemlich exakte Standortbestimmung des Luftfahrzeuges.

Damit konnte die Navigation im gesamten Bereich der Nordsee, über dem östlichen England und dem Ärmelkanal sichergestellt werden. Die Anlage in Tondern stand im Gegensatz zu ihrer notwendigen Partneranlage am Niederrhein in einem abgesicherten militärischen Bereich. Für den Sendebetrieb waren u.a. ein Maschinen-Generatorsatz, zwei Umformer und drei Akkumulatorensätze notwendig, installiert durch die Firma Telefunken. Der Funkmast mit einer Höhe von 70 Metern bestand aus Pitchpine, einer nordamerikanischen Hartholzart, und war auf einem Betonsockel befestigt. Die Stromversorgung wurde durch das normale Stromnetz mit einer Spannung von 220 Volt gewährleistet. Bei Ausfall des öffentlichen Netzes erfolgte die Versorgung durch Siemens-Notstromaggregate. Ein Ausfall dieser Stromerzeuger konnte noch durch das stationseigene Benzinaggregat kompensiert werden.

Die Funkstation der Marineluftschiffbasis Tondern mit der Kompass-Sendeanlage von Telefunken (1917).

Blick in den Senderaum der Kompass-Sendeanlage in Tondern, deutlich sichtbar die Zuleitungen vom Taktgeber an die einzelnen Dipole (1917).

48 Travemünde – Das Geheimnis am anderen Ufer der Trave

Bei der Gründung der Erprobungsstelle Travemünde griff die Marineführung der Weimarer Republik auf Erfahrungen mit der Marinefliegerei des Ersten Weltkrieges zurück, die in ihm eine erhebliche Rolle gespielt hatte. Ein geeignetes und abseitig gelegenes Gelände fand sich für die seit 1919 illegale maritime Luftrüstung östlich von Travemünde. Zweckmäßigerweise hatte sich jenseits der Mündung der Trave in die Ostsee die Flugzeugbaufirma Caspar etabliert.

Sie baute bereits seit 1918 mit einer Unterbrechung durch die alliierten Restriktionen Flugzeuge. Sowohl die abgeschiedene Lage der Halbinsel Priwall als auch die Wasserfläche des angrenzenden Pötenitzer Wiek schienen geeignet, insgeheim Seeflugzeuge zu erproben. Die Ambitionen der örtlichen Politik und Wirtschaft, hier ein „Luftkreuz des Nordens" zu errichten und dafür kräftig in die Anlage eines Flughafens zu investieren, waren ein zusätzlicher Anreiz und zugleich eine gewisse Tarnung. Während der Ausbau des Flugplatzes voranschritt, verschlechterte sich die wirtschaftliche Lage der Firma Caspar, obwohl sich mit der Aufhebung wesentlicher Bestimmungen des Versailler Bauverbots spätestens ab 1926 für die Luftfahrt gute Zukunftsaussichten ergaben. Jedenfalls begann die Marine auf dem Gelände unter Nutzung von Personal und Anlagen von Caspar umfangreiche und großzügige Bauarbeiten, unter anderem für einen Großhangar sowie für Verwaltungs- und Werftgebäude. Ein Jahr später firmierte die neue Einrichtung bereits als Seeflugzeug-Erprobungsstelle (SES).

Ab da durchliefen in der Regel die Schwimmerflugzeuge und Flugboote vor ihrer Serienfertigung diese E-Stelle, sie wurden auf ihre Verwendbarkeit unter den rauen Bedingungen des Fliegens über See getestet und mussten die sogenannte Seetüchtigkeitserprobung bestehen. Es versteht sich, dass neben allen zivilen Baumustern in zunehmendem Maß militärisch verwendbares Fluggerät erprobt wurde. Mit der Machtübernahme durch die Nationalsozialisten Anfang 1933 ging die Hoheit über die E-Stelle an das Reichsluftfahrtministerium über. Dies war das Aus für eine eigenständige Marinefliegerei. Ab sofort hatte die Luftwaffe das Sagen.

In der Folgezeit erprobte man nicht nur Flugzeuge, sondern auch die dafür notwendigen unterschiedlichsten maritimen Ausrüstungen. Außerdem gehörte das „Vergleichsfliegen" verschiedener Flugzeugmuster zu den Aufgaben, um den besten Typ herauszufinden und in die Produktion einzuführen. Frühzeitig nahm man auch Einfluss auf die Entwicklung der verschiedensten Wasserfahrzeuge, die der Absicherung der Seefliegerei dienten, darunter Flugsicherungsschiffe und -boote, Katapultschiffe etc. Die Erprobung des Fluggeräts für den unvollendet gebliebenen Flugzeugträger „Graf Zeppelin" und weitere Projekte inklusive der zugehörigen Katapult- und Fangvorrichtungen war ebenfalls einer der Aufgabenbereiche. Und schließlich gehörte dazu auch die Erprobung maritim einsetzbarer Hubschrauber, z.B. des Flettner Fl 282 „Kolibri" und der „Bachstelze", eines unter

Obwohl eine Havarie, war das Ergebnis doch positiv – im rauen Erprobungsbetrieb durch Wellenschlag beim Start gebrochener Motorträger und eingedrückter Schwimmer einer Blohm & Voss Ha 140. Die Schäden wiesen darauf hin, dass die Konstruktionselemente vor dem Serienanlauf zu ändern sind.

Kriegsbedingungen kaum verwendungsfähigen Hubschraubers für U-Boote.

Das Ende kam am 5. Mai 1945, als britische Einheiten den Priwall besetzten. Die Hallen dienten anfangs als Unterkunft für deutsche Kriegsgefangene und Flüchtlinge aus den Ostgebieten, wurden aber in den Folgemonaten wie anderswo abgetragen, gesprengt und geplündert. Die unmittelbare Nähe zur sowjetisch besetzten Zone am Ostufer der Pötenitzer Wiek und an der schmalsten Stelle der Halbinsel, ab 1949 die Grenze zur DDR, führte dazu, dass sich über viele Jahre die Natur das gesamte Gelände zurückerobern konnte und heute kaum noch etwas an die Zeit vor 1945 erinnert.

Modell des zur E-Stelle Tarnewitz gehörenden Flugsicherungsschiffes „Greif" mit aufgelastetem Schwimmerflugzeug Blohm & Voss Ha 140 V-1.

49 Uetersen/Appen – Die Flieger von der „Franzosenkoppel"

Von der Entstehungsgeschichte her wäre der Standort Uetersen/Appen einzureihen in die Vielzahl der nach 1935 entstandenen Fliegerhorste der Luftwaffe des „Dritten Reichs". Aber auch hier gab es eine Vorgeschichte. Nach Jahren relativer Untätigkeit, erste Überlegungen zur Anlage eines Segelflugplatzes stammten schon aus dem Jahr 1928, hob erst 1933 das erste Segelflugzeug ab – von einem Sportplatz inmitten der Stadt. Die Folge dieser Notlösung war, dass man sich den Platz mit anderen Sportvereinen teilen musste. Der Ausweg aus diesem Dilemma konnte nur darin bestehen, mit der Suche nach einem geeigneten Gelände außerhalb der Stadt zu beginnen. Die zuerst in Erwägung gezogenen Holmer Sandberge, der Name verrät es schon, waren aufgrund der Bodenbeschaffenheit ungeeignet. Ab März 1934 begannen deshalb Bauarbeiten für einen Segelflugplatz auf der sogenannten „Franzosenkoppel" zwischen Appen und Heist. Mit der Wiederaufrüstung wurde 1935 der Flugplatz in einen Fliegerhorst umgewandelt, der 1936 in Betrieb ging. Aufmerksamkeit verdient der Doppelstandort vor allem wegen seiner Entwicklung nach der Aufstellung der Bundeswehr und aufgrund seiner heutigen Nutzung.

North American T-6 (hier mit britischer Kennung), Schulflugzeug in den ersten Jahren der Bundesluftwaffe.

Im April 1940 wurde der Platz bei Appen als einer der Absprunghäfen für die Operation „Weserübung", den Überfall auf Dänemark und Norwegen, genutzt. Der erste Kampfeinsatz von Fallschirmjägern in diesem Krieg galt der Brückenverbindung zwischen den dänischen Inseln Falster und Seeland. Die Belegung des Platzes wechselte im Verlauf des Krieges häufig, je nach Frontlage. Durch alliierte Bombenangriffe traten nur wenige Schäden auf, sodass die britischen Soldaten, die kampflos am 5. Mai 1945 den Platz übernahmen, nahtlos den Flugbetrieb weiterführen konnten. Unter dem Codenamen Airfield B.174, später unter der Bezeichnung RAF Uetersen, waren hier verschiedene fliegende Einheiten der Royal Air Force bis zum November 1955 stationiert. Mit dem Jahr 1956 zog die neue Luftwaffe der Bundesrepublik ein und begann mit dem Ausbildungsbetrieb. Uetersen erhielt damit seine langjährige Bestimmung als Fliegerhorst für die Schulung des fliegenden Personals. In den Folgejahren bekamen etwa 7.000 Pilotenanwärter das Rüstzeug für ihren Einsatz in der Bundesluftwaffe.

Im Jahr 1972 wurde der militärische Flugbetrieb eingestellt und die fliegerische Ausbildung in die bayerischen Standorte Neubiberg und später Fürstenfeldbruck verlegt. Kurios: Diese Umstrukturierung

Schulgleiter SG 38 mit Boot für die Anfängerschulung des Deutschen Luftsportverbandes (DLV) in den 1930er- und 40er-Jahren (um 1934).

wurde wegen der Pläne für einen Flughafen vorgenommen, der nie gebaut wurde. Das Projekt der Verlegung des Hamburger Flughafens nach Kaltenkirchen wurde letztendlich, weil zu teuer, nicht realisiert. Uetersen hätte dann in der Einflugschneise gelegen.

Zur militärischen Nutzung gehörte in den Jahren von 1956 bis 1995 auch das Luftwaffenmuseum der Bundeswehr, das mehrere Hallen des ehemaligen Fliegerhorstes aus der Zeit vor 1945 belegte. Es entstand aus der Sammelleidenschaft eines Beamten der Bundeswehrverwaltung, des Regierungsamtmannes Helmut Jaeckel, und später des Oberstarztes Dr. Dietrich Boecker. Zuerst waren die Ausstellungsstücke in der ehemaligen Turnhalle aufgebaut. Daraus entwickelte sich im Lauf der Zeit und 1987 abgesegnet durch die Führungsebene der Luftwaffe die ständige museale Präsentation militärischen Geräts. Bis 1987 hatte sich die Sammlung mit Duldung durch die Bundeswehr in den Händen eines Vereins und damit in privater Hand befunden. In spektakulären Einsätzen und mit hohem Aufwand wurde 1995 der gesamte Bestand an den Flugplatz Berlin-Gatow überführt. Im Landtransport und per Luft wurden 3.030 Tonnen Material bewegt. 58 Flugzeuge, die nicht zerlegt werden konnten, wurden durch Heereshubschrauber als Außenlast überflogen. Nahezu ein Jahr dauerte die ganze Aktion, bis sich am neuen Standort in den Hallen und im Towergebäude der ehemaligen Luftwaffe und später der RAF das Luftwaffenmuseum unter besseren Bedingungen wieder präsentieren konnte.

Parallel zur militärischen Nutzung des Geländes wurde in Uetersen von Anfang an der Segelflug, ab 1965 auch der Motorflug der Sportflieger betrieben. Dazu stand die südliche Seite des Platzes zur Verfügung, nach 1972 erhielten die Segelflieger auf der Nordseite ihr Domizil. Seitdem wird der Flugplatz Uetersen-Heist privat genutzt – allerdings mit einer Ausnahme: Hier hat in einer der ehemaligen Flugzeug- und Museumshallen auch die einzige fliegende Reservistenkameradschaft der Bundeswehr ihren Platz gefunden (Nr. 50).

50 Uetersen/Appen – Fliegende Reservisten und geerdete Schüler

Angrenzend an den Flugplatz Uetersen-Heist liegt, wenn auch nicht mehr mit seiner fliegerischen Nutzung verbunden, auf dem Gebiet der Gemeinde Appen die Unteroffizierschule der Luftwaffe (USLw). Mit ihrer Gründung 1988 wurden alle bisherigen Lehrgänge der Ausbildung von Unteroffizieren verschiedenster Verwendungen in Appen zentralisiert. Die Kasernenanlage führte in Erinnerung an den deutschen Jagdflieger Hans-Joachim Marseille („Stern von Afrika") von Oktober 1975 bis Januar 2022 die Bezeichnung „Marseille-Kaserne". Im Zuge der Neuprofilierung der Traditionen der Bundeswehr trägt sie seitdem den Namen des ehemaligen Starfighter-Piloten und Flugkapitäns der Lufthansa-Maschine „Landshut", Jürgen Schumann, der durch Terroristen ermordet wurde.

Das neue Lehrgebäude der Schule ist in der Draufsicht stark angelehnt an die Konfiguration eines Luftfahrzeuges und heißt seit 2022 „Feldwebel-Laabs-Zentrum". Damit wird die Leistung von Karl Laabs bei der Rettung jüdischer Mitbürger vor den Gaskammern der Nazis gewürdigt. Laabs erhielt 1972 das Bundesverdienstkreuz und wird seit 1980 in der israelischen Gedenkstätte Yad Vashem als „Gerechter unter den Völkern" geehrt.

Die kurz „RK Flugdienst" genannte Reservistenkameradschaft am Flugplatz ist die einzige Institution der Luftwaffe der Bundesrepublik, die historisches Fluggerät der Truppe in ausschließlich ehrenamtlicher Arbeit in Betrieb hält. Der Aufwand dafür ist enorm und nur durch das Engagement der Kameraden zu stemmen. Allein der Erhalt der Lufttauglichkeit der Fluggeräte, die seit Jahrzehnten nicht mehr produziert und eingesetzt werden, erfordert einen hohen zeitlichen und, nicht zu vergessen, finanziellen Aufwand. Zuwendungen und Spenden sind deshalb jederzeit willkommen. Seit ihrer Gründung am 1. März 1993 betreibt die RK bei verschiedenen Events wie z.B. auf Flugtagen und internationalen Luftfahrtshows wie der ILA in Berlin Werbung für die Aufnahme einer fliegerischen Laufbahn und präsentiert zudem diesen Teil deutscher Luftfahrtgeschichte mit seinem nostalgischen Element. Ein wichtiges Ziel der RK besteht auch darin, im Rahmen der Reservistenarbeit die Kameradschaft zwischen aktiven Soldaten und Reservisten national und international zu erhalten und zu vertiefen.

Im Bestand der RK befinden sich vier Flugzeuge, die aufgrund der Qualifikation und des Engagements der Kameraden die Flugzulassung besitzen und damit im Flug präsentiert werden können. Das sind zwei Maschinen des Typs Dornier Do 28 D2 „Skyservent", eine des Typs Do 27 und eine Piaggio P 149, einer der Anfangstrainer der Bundesluftwaffe. Die beiden Do 28 sind die einzigen in Deutschland fliegenden Exemplare ihres Typs. Nach dem Erfolg mit der Do 27 legte Dornier in Oberpfaffenhofen die Do 28 als wartungsarmes und gutmütiges Flugzeug aus, das vorzugsweise für den Einsatz in Entwicklungsländern Afrikas bei leichten Transportaufgaben Verwendung finden sollte. Aufgrund politischer Restriktionen übernahm die Bundeswehr nur die

Dornier Do 28 D2 „Skyservant" der „fliegenden Reservisten" der Bundeswehr bei einer der zahlreichen Auftritte in der Öffentlichkeit.

leistungsgesteigerte Version D2 als leichtes Transportflugzeug, das bei der Flugbereitschaft und bei Luftwaffe und Marine mit seiner Leistungsfähigkeit überzeugte. Die beiden in der RK vorhandenen Maschinen dienten als sogenanntes Hörsaalflugzeug zur Ausbildung des fliegenden Personals bzw. als Transportflugzeug beim MFG5 in Kiel-Holtenau (Nr. 22).

Die RK geht davon aus, dass sie auch zukünftig als fliegendes Museum den Flugbetrieb wichtiger Maschinen der Bundeswehr und deren Luftfahrtgeschichte präsentieren wird. Das wäre aber ohne das weitere Engagement der Führungsebene kaum vorstellbar. Die RK Flugdienst ist Kooperationspartner des Luftwaffenmuseums der Bundeswehr in Berlin-Gatow und pflegt enge Arbeitskontakte zur USLw. Auch für die breite Öffentlichkeit ist die RK am Boden und in der Luft stets offen und verweist auf ihre sehr informative Internetpräsenz.

Zwei Dornier Do 28 D2 und eine Piaggio P 149 der Reservistenkameradschaft im Flug über der Unterelbe. Spitzname der Do 28 ist „Bauernadler" und verweist auf die Robustheit der Konstruktion und das gutmütige Flugverhalten der Maschine.

51 Warnemünde – Vom Flugzeugbau zur Schiffswerft

Die Flugzeugwerke Friedrichshafen (FF) mussten kurz vor dem Ersten Weltkrieg ihr Vorhaben, sich auf der Hohen Düne bei Warnemünde anzusiedeln, aufgeben und an das diesseitige Ufer der Warnow ausweichen. Ab 1917 wurden in der Werft Warnemünde südlich des Ortes verschiedene Typen von FF-Seeflugzeugen montiert und eingeflogen. 1920 musste man aufgrund wirtschaftlicher Schwierigkeiten die Anlagen an die Arado Handels-Gesellschaft mbH veräußern.

Die dort Verantwortung tragenden Personen kamen sämtlich aus dem Flugzeugbau bzw. der Kaiserlichen Fliegertruppe (u.a. Felix Wagenführ und Heinrich Lübbe). Notgedrungen firmierte man wegen der Versailler Vertragsbestimmungen vorerst im Geschäftsfeld Fahrzeugbau, erst 1925 begann eine Lizenzfertigung im Auftrag der Heinkel-Werke. Drei Jahre später war das Unternehmen mit der ersten Eigenkonstruktion, dem Postflugzeug Arado V-1, auf der Internationalen Luftfahrtausstellung in Berlin präsent und erregte damit sofort Aufmerksamkeit. Als der Bedarf an zivilem Fluggerät wegen der Weltwirtschaftskrise nachließ, erschloss es sich den lukrativeren Markt des Flugzeugbaus für das Militär.

Unter Nutzung alter Kontakte entstanden eine Reihe recht erfolgreicher Typen, die für das getarnte Ausbildungszentrum der zukünftigen deutschen Luftwaffe im sowjetrussischen Lipezk zum Einsatz kamen und dann bis weit in die 1930er-Jahre in der neuen Luftwaffe Dienst taten. Ein Nachteil der engen Bindung an den Staat war, dass die Firma durch die dirigistische Einflussnahme des Reichsluftfahrtministeriums die Eigenständigkeit verlor. Lübbe wurde ähnlich wie Hugo Junkers 1936 enteignet. Arado spielte anfangs im Konzert der drei großen Flugzeughersteller Junkers, Messerschmitt und Heinkel nur die zweite Geige. Erst eine umfängliche Personalrochade zusammen mit der signifikanten Erhöhung der Kapitaldecke, der Umstellung auf die Großserienfertigung und der

Produktionsausweitung durch den Aufbau neuer Kapazitäten u.a. in Brandenburg, Rathenow, Babelsberg und Anklam (Nr. 2) schuf Abhilfe. Mehr und mehr mussten allerdings verschiedene Typen anderer Hersteller in Lizenz produziert werden. Allein mit den erfolgreichen Eigenkonstruktionen Ar 234, dem ersten Düsenbomber der Welt, dem Seeaufklärer Ar 196 und dem Schulflugzeug Ar 96 gelang Eigenständigkeit, ohne dass die Lizenzproduktion ihre Bedeutung verlor. Mit etwa 40.000 Beschäftigten (Mitte 1944) in allen Werken gehörte Arado nunmehr ebenfalls zu den Großen der Branche.

Nach dem Ende des Krieges und einem kurzen Zwischenspiel im Auftrag der Sowjetunion erfolgten die Verlagerung von Personal, Geräten und Dokumenten nach dort und die Demontage oder Zerstörung der Anlagen. Auf dem Gelände wurde die Warnowwerft als Großwerft des DDR-Schiffbaus errichtet, die sehr erfolgreich und stets voll ausgelastet war. Nach der Wende setzte die Kvaerner-Gruppe die Produktion zumindest bis 2001 fort. Man geriet dann aber nach mehreren Eigentümerwechseln aufgrund finanzieller Probleme und ostasiatischer Konkurrenz mehr und mehr in schwieriges Fahrwasser.

Zwei der vier Arado L IIa, die am Europarundflug 1930 teilnehmen, werden aus der Halle geschoben.

52 Warnemünde/Hohe Düne – Mit dem Fahrwerk in der Oberleitung

Die Anfänge der Luftfahrt in Warnemünde gehen auf das Jahr 1913 zurück. Spätestens das Ergebnis der mehr schlecht als recht verlaufenen Seeflugwettbewerbe in Heiligendamm 1912 (Nr. 17) und am Bodensee 1912/13 machte der Marineführung klar, dass das Seeflugwesen eines der am dringlichsten zu lösenden Probleme war. Das bis dahin unkoordinierte Wirken von Privatpersonen und kleinen Fertigungsstätten war in organisierte Bahnen zu lenken. Auch mussten militärische Strukturen geschaffen werden, zumal die außenpolitische Entwicklung auf Konfrontation hinauslief. 1913 wurde bei Warnemünde auf der Hohen Düne, zwischen Ostsee und Breitling gelegen, eine Marinefliegerstation aufgebaut.

Die boddenartige Wasserfläche im Mündungsgebiet der Warnow versprach günstige fliegerische Bedingungen, ähnlich auch die Ostsee auf der anderen Seite der Nehrung. Die Anschubfinanzierung der Rostocker Stadtväter und die Ansiedlung von Firmen wie der Gothaer Waggonfabrik AG und der Flugzeugbau Friedrichshafen GmbH (FF) ließen den Standort noch 1914 zu einem Flugzentrum anwachsen. FF musste dann wegen der Zunahme der militärischen Baumaßnahmen an das Westufer der Warnow ausweichen. Mit Kriegsausbruch errichtete die Marine hier das Seeflug-Versuchskommando (SVK).

Nach 1918 wurde ein großer Teil der Anlagen auf der Hohen Düne abgebrochen, erst 1922 begann erneut ein reduzierter, aber stetig zunehmender ziviler Flugbetrieb. Dazu gehörte auch die von dem ehemaligen Marineflieger Walther Bachmann (Nr. 38) gegründete Flugschule, die Aero Sport GmbH. Die Installierung der Pilotenausbildung durch die Deutsche Verkehrsfliegerschule (DVS) gab einen weiteren Schub, diesmal bereits langfristig als Teil der Wiederaufrüstung angelegt. Im selben Jahr 1922 interessierte sich Ernst Heinkel für das Gelände, der in Travemünde (Nr. 48) arbeitete, und baute hier die eigene Produktion auf. Elf Jahre lang wurde erfolgreich konstruiert und produziert, u.a. die He 70 „Blitz“, ein bahnbrechendes Schnellverkehrsflugzeug, und eine ganze Serie von Flugzeugkatapulten, u.a. für die Schleuderschiffe der Lufthansa (Schreibweise ab 1933) und die Schnelldampfer „Bremen“ und „Europa“.

Der stark zunehmende Flugbetrieb durch Schulung, Linienflugverkehr, Militär und Werksflüge führte aber bald zu wachsendem Unmut in der Bevölkerung und bei zahlreichen Urlaubern, deren Zahl dadurch deutlich abnahm. Die steigende Zahl der Flugunfälle tat ein Übriges, spektakulär waren mehrere Kollisionen von Flugzeugen mit der Strandstraßenbahn nach Markgrafenheide und deren Oberleitung. Andererseits waren der Flugbetrieb an sich und besondere Ereignisse wie Seeflugwettbewerbe, Filmarbeiten (u.a. für „FP 1 antwortet nicht“ mit Hans Albers) und Aufenthalte z.B. der Do-X natürlich Anziehungspunkte für die Öffentlichkeit. Noch erhalten ist das Haus mit der Adresse „Am Strom 101“ in Warnemünde, in dem sich die legendäre Fliegerkneipe

Ein Schwimmerflugzeug der kaiserlichen Marine (Friedrichshafen FF 33) wird von der Besatzung und Technikern nach der Landung zum Einhallen gebracht (um 1917).

„Tante Paula“ befand, in der alle Größen der deutschen Luftfahrt, die an der DVS ausgebildet wurden oder lehrten, das abendliche Stelldichein genossen.

Ab 1933 beanspruchte das Reichsluftfahrtministerium das Gelände für den Ausbau der Seefliegerei, Heinkel ging nach Rostock (Nr. 39), auch weil die Fläche in Hohe Düne zu eng geworden war, und ließ später in Marienehe ein neues Werk aus dem Boden stampfen.

Wenn auch nicht unmittelbar mit dem Flugzeugbau in Warnemünde im Zusammenhang stehend, soll doch der Ingenieur und Unternehmer Hans Seehase erwähnt werden. Unverdientermaßen heute nahezu unbekannt, machte er sich auf verschiedenen Gebieten der Technik wie später auch der Medizin einen Namen. Er wurde in Warnemünde geboren, promovierte nach seinem Studium an der TH Berlin-Charlottenburg und arbeitete ab 1916 als Technischer Leiter beim Flugzeugbau Sablatnig. Seehase wirkte an der Konstruktion von Seeflugzeugen wie auch von bekannten Verkehrsflugzeugen mit, die u.a. auf der Strecke von Berlin über Warnemünde nach Skandinavien beim Unternehmen Lloyd-Luftverkehr Sablatnig im Einsatz waren. Im April 1923 erprobte er in Tempelhof einen Drachenfallschirm und gilt damit als der erste Gleitschirmflieger. An seinem Haus in der Warnemünder Anastasiastraße 42 ist ihm zu Ehren eine Erinnerungstafel angebracht.

53 Wildeshausen – Am Anfang war es ein Desaster

Im Gegensatz zu den anderen Marine-Luftschiffstandorten war Wildeshausen, anfänglich für Heeres-Luftschiffe vorgesehen, nur kurzzeitig und eher marginal von Bedeutung. Bereits in der Planungsphase und in der Bauvorbereitung traten erhebliche Mängel auf. Der Chef des Generalstabes hatte darauf gedrängt, möglichst zügig im Nordwesten Deutschlands wie auch im Osten ein Basierungssystem für Luftschiffe des Heeres zu schaffen und dafür rasch Standorte zu erschließen. Offensichtlich waren damit aber die Verantwortlichen zumindest an diesem Standort fachlich überfordert.

Anfang September trafen Heeresoffiziere in Wildeshausen ein und befanden ein Gelände von etwa 38 Hektar für geeignet. Es sollte sich aber recht schnell erweisen, dass das Geländeprofil sowohl für den Hallenbau als auch für den Flugbetrieb ungeeignet war, darüber hinaus war die erworbene Fläche zu klein. Die Bodenbeschaffenheit, schwerer Lehmboden, wie auch das natürliche Gefälle, vorhandene Einschnitte und Bodenerhebungen zogen umfangreiche, zeitraubende sowie teure Erdbewegungen nach sich. Baukosten und Zeitbedarf uferten aus. Der lange Winter und schwere Regenfälle verzögerten die Bauarbeiten zusätzlich. Erst im Mai 1916 wurde die Halle für eine behelfsmäßige Nutzung freigegeben, obwohl ihre Lage nicht der Hauptwindrichtung in dieser Gegend entsprach. Einen Decknamen erhielt die Halle im Gegensatz zu denen anderer Einsatzhäfen nicht. Das Traggas für die Luftschiffe musste mittels Kesselwagen per Bahn angeliefert werden. In der Folgezeit entstanden neben vier unterirdischen Bombendepots lediglich einige Baracken für das Wachpersonal und die Bodenmannschaften. Die bodengebundene Sicherstellung wurde also von vornherein auf einem relativ niedrigen Niveau gehalten. Am 18. Juni landete L 52 als erstes Schiff der Kaiserlichen Marine am neuen Standort.

Am 2. September 1916 stieg das Heeresschiff LZ 98 unter dem Kommando von Oberleutnant zur See der Reserve Ernst Lehmann (dem späteren Mitarbeiter von Dr. Hugo Eckener) zu seiner ersten Angriffsfahrt gegen England auf. Dieser Einsatz im Verband von insgesamt 16 Schiffen war der größte Geschwaderangriff des Krieges. Allerdings war er auch ein Wendepunkt in der Geschichte des Luftschiffes als Waffe. Aufgrund ungünstiger Witterung – starke Höhenwinde, Starkregen und Schneefall mit Vereisung – zerstreute sich die geschlossene Formation bereits über Flandern und bei Weitem nicht alle Schiffe erreichten das eigentliche Zielgebiet, die Londoner Dockanlagen. Die meisten Schiffe bombardierten im guten Glauben, London erreicht zu haben, verschiedene Ziele in Ostengland. Andere kehrten wegen der Witterung vorzeitig um oder scheiterten an Motorendefekten oder an der ziemlich effektiven Luftabwehr durch Flak und Jagdflugzeuge, die mehrere Schiffe zum Abdrehen zwangen. Am tragischsten aber war der Verlust des Schütte-Lanz-Luftschiffes SL 11, das durch Lieutenant Robinson mittels Brandgeschossen als brennende, weithin sichtbare Fackel zu

Eines der ersten Zeppelinluftschiffe älterer Bauart vor dem Einhallen in Wildeshausen (1916).

Boden geschickt wurde. Von der Besatzung überlebte niemand.

Wildeshausen erhielt zusätzlich einen Bombenabwurfplatz wie auch zwecks effektiverer Luftabwehr eine Scheinwerferbatterie, allerdings keinen Jagdfliegerschutz. Ende Januar wurde das Heeresluftschiffer-Detachement aufgegliedert und nach Kowno, Jüterbog und Jamboli (Bulgarien) verlegt. Es schien, als hätte das Heer den Hafen aufgegeben. Am 20. September 1916 übernahm die Marine den gesamten Standort. Vom 26. September bis zum 17. Oktober war hier das Marineluftschiff LZ 87 (L 47) stationiert. Danach folgten nur noch sporadische Landungen verschiedener anderer Luftschiffe des Heeres und der Marine. Als letztes war dies am 7. Juni 1918 SL 22, eines der größten und modernsten jemals gebauten Militärluftschiffe. Auch dieses war wie alle hier beheimateten SL-Schiffe ein Fahrzeug des Heeres. Damit endete die Geschichte dieses Hafens vorläufig, endgültig aber erst mit dem Abbruch der Halle im Jahr 1921. Von der nur kurzfristigen Existenz dieses Hafens zeugen heute Namen wie „Zeppelinstraße“, „Am Luftschiffhafen“ oder „Marinestraße“ sowie die Gebäude mit den Hausnummern 18 und 19, die seither an der Marinestraße als Wohnhäuser dienen.

54 Wismar – Wer kennt noch Podeus?

Kaum einer der heutigen Einwohner wie auch der Besucher bringt die Hansestadt Wismar in Verbindung mit einem Standort der Luftfahrtindustrie. Doch wurden hier ebenso wie in der Hansestadt Stralsund (Nr. 42) Flugzeuge gebaut, wobei Wismar die Nase vorn hatte. Hier produzierte das Unternehmen Dornier, eng verknüpft mit der Geschichte des Baus von Wasserflugzeugen.

Die Produktion fand bis in die 1930er-Jahre am Bodensee statt, die Abnahme der Seetauglichkeit allerdings in Warnemünde auf der Hohen Düne (Nr. 52). Mit der verstärkten Aufrüstung nach 1933 reichten die Produktionsflächen in Friedrichshafen nicht mehr aus, eine Erweiterung war nicht möglich. Einen neuen Standort an der Küste zu nutzen, erschien sinnvoll. Auf dem Gelände der in Insolvenz gegangenen Podeus-Werke für Fahrzeuge, Landmaschinen, Eisenbahnwaggons in Wismar konnte nicht nur ein Teil der Anlagen, sondern auch des Stamms an erfahrenen Facharbeitern übernommen werden. Zusätzlich waren die Hafenanbindung und die Existenz der Ingenieurschule Standortvorteile. Die Dornier-Werke Wismar GmbH wurden am 1. Dezember 1933 in das Handelsregister eingetragen.

Der später als Werk I bezeichnete Betriebsteil befand sich auf dem Areal zwischen der heutigen Dr.-Leber-Straße, der Kanal- und Podeusstraße und dem Turnerweg. Im Zeitraum bis 1940 entstanden weitere drei Fertigungsstätten in der Stadt. Das Werk II nutzte ab 1934 ein Gelände an der Kopenhagener Straße nördlich der heutigen Ladestraße und diente vorrangig dem Vorrichtungs- und Rippenbau. Die eigentliche Flugzeugwerft entstand nördlich des Hafengeländes auf dem sogenannten Haffeld. Sie war ein Montagebetrieb zum Fertigbau von Flugzeugen aus vorgefertigt angelieferten Bauteilen. Werk III lag an der Straße nach Lübeck, der heutigen Lübsche Straße. Hier befanden sich ein Teil der Werkstätten sowie Lagerkapazitäten. Der Bau der benötigten Hallen wurde mit der Beschäftigung eines Teils der Arbeitslosen der Stadt (31,7 Prozent) beschleunigt. So entstanden in wenigen Monaten die Seehalle, die Flug- und die Bauhalle. Angeschlossen war der Flugplatz, der ab 1938 drei befestigte Startbahnen erhielt.

Zur Flugwerft gehörte auch ein eigener Hafen, der heutige Tonnenhof des Wasserstraßen- und Schifffahrtsamtes.

Die Wismarer Werke von Dornier wurden 1938 mit den Fertigungsstätten in Lübeck und Berlin-Reinickendorf zusammengeschlossen und in Norddeutsche Dornier-Werke GmbH (NDW) umbenannt. 1944 betrug die Beschäftigtenzahl etwa 4.400, ein großer Teil davon waren Zwangsarbeiter und Kriegsgefangene. Die Hauptproduktion umfasste vor allem die Endmontage von Do 217 und Fw 190. Besonders nach Kriegsbeginn und mit Beginn der anglo-amerikanischen Bombardierungen – die erste erfolgte bereits am 24. Juni 1940 und galt den Dornier-Werken – wurden Teile der Produktion nach Neustadt-Glewe und Perleberg verlegt, wo dann auch der Einflugbetrieb erfolgte. Der erste Angriff hatte nur geringe Schäden zur Folge, der folgenreichste für die Dornier-Werke war der vom 25. August 1944, der vor allem das Haffeld und den Flugplatz traf. Bei den Angriffen wurden etwa 80 Prozent der Gebäudesubstanz von Dornier schwer beschädigt oder zerstört. Am 2. Mai 1945 besetzten britisch-kanadische und sowjetische Truppen die Stadt, ein Teil von ihr blieb Niemandsland. Feldmarschall Montgomery, der auf dem Haffeld landete, und Marschall Rokossowski trafen sich am 7. Mai in Wismar. Die Stadt blieb bis zum 1. Juli von den Briten und Kanadiern besetzt, danach zogen sie sich auf die festgelegte Zonengrenze zurück. Die Sowjets demontierten und zerstörten große Teile der Werkseinrichtungen von Dornier. Heute ist das Haffeld das größte Industriegebiet der Stadt.

Flugboot Dornier Do 26 V-1 D-AGNT „Seeadler" beim Schleuderstart von einem Katapultschiff (Schleuderschiff). Die „Seeadler" gehörte ab 1939 zur Luftwaffe und trug die Kennung P5+AH.

55 Wittmundhaven – Ein „Eisenschwein“ und seine Stadt

Baubeginn für einen Luftschiffstützpunkt bei Wittmund war im Januar 1916. Mittels Einsatz von 300 (später 500) Kriegsgefangenen sowie etwa 550 Zivilarbeitern wurden Rodungsarbeiten und die ersten Baumaßnahmen vorgenommen. Verwaltungs- und Versorgungsbaracken wurden errichtet, wobei die Kleinbahn Aurich-Wittmund (im Volksmund „Jan Klein“ genannt) Arbeitskräfte und Material transportierte. Mit der ständigen Stationierung von Heeresluftschiffen wurde der Platz Wittmundhaven einer der Ausgangspunkte für Einsätze gegen Großbritannien und Frankreich sowie über See.

Als erstes Schiff wurde im November 1916 SL 13 nach hier verlegt, havarierte aber bei der Landung und trieb als Wrack in die Nordsee ab. Trümmerteile wurden später an der norwegischen Küste aufgefunden. Das Heer stellte die Angriffsfahrten aufgrund der hohen Verluste ein und überführte den Personalbestand und Teile der Ausrüstungen nach Jamboli (Bulgarien). Nunmehr übernahm die Marine den Platz und führte den Fahrbetrieb zur Aufklärung, Minensichtung und Schulung fort. Ab 1. April 1917 wurden 592 Mann Bodenpersonal vom aufgegebenen Marineluftschiffhafen Hage (Nr. 14) zugeführt. Als erstes Marineluftschiff schwebte L 13 am 5. April in Wittmundhaven ein. L 13 hatte im Kriegseinsatz insgesamt 159 Fahrten mit etwa 70.000 Kilometern zurückgelegt, darunter waren 17 Angriffsfahrten und 45 Aufklärungseinsätze über Feindgebiet. Drei Wochen später wurde es in Hage abgebrochen. Im Frühjahr 1917 wurde eine zweite Halle (mit dem Namen „Wunsch“) errichtet. Die Halle „Wille“ war bereits im Herbst 1916 mit den Abmessungen 240 mal 66 mal 39,5 Meter erbaut worden. Zudem verfügte der Platz über etwa 20 Baracken für die Unterbringung der Offiziere und der Mannschaften sowie über Massivbauten für die Logistik (u.a. Werkstätten, Munitionslager, Tanklager für 40.000 Liter Benzin und 20.000 Liter Benzol sowie ein Gaslager).

Die Belegung mit Luftschiffen wurde fortgeführt. So wurden die Marineluftschiffe L 22 und L 40 im April 1917 nach Wittmundhaven verlegt. L 22 war der erste Totalverlust eines hier stationierten Schiffes. Nach 81 Fahrten mit wechselnder Basierung in Tondern und Hage und insgesamt 38.000 zurückgelegten Kilometern wurde das Schiff am 14. Mai 1917 über der Nordsee bei Terschelling von britischen Flugzeugen abgeschossen, es gab keine Überlebenden. Das letzte Schiff am Platz war L 61, das im Dezember 1917 in der Halle „Wille“ festmachte. Es sollte in der Folge eine besondere Geschichte schreiben. L 61 wurde für eine Angriffsfahrt im Geschwaderverband auf das britische Sheffield und vor allem bei der Minenbekämpfung in der Nordsee und für die Aufklärung verwendet. Insgesamt bewältigte das Schiff 32 Fahrten mit insgesamt 19.000 Kilometern und überstand den Krieg. Es wurde als Kriegsbeute Italien zugesprochen. Nach mehreren Werftfahrten verabschiedete sich das Schiff mit einer Fahrt, die über alle großen Hafenstädte bis nach Lübeck

Marinesoldaten des Luftschiffhafens Wittmundhaven in ihrer Freizeit.

und Kiel führte. Der letzte deutsche Kommandant war Kapitänleutnant Hans Flemming, der später als Führer von LZ 126 „Graf Zeppelin“ mit seinen Weltfahrten und der Arktisfahrt Berühmtheit erlangen sollte. Am 25. August 1920 wurde L 61 in Ciampino an Italien übergeben und fuhr ab da unter dem Namen „Italia“. 1920 wurde es nach einem Unfall abgewrackt.

Die Geschichte des Luftschiffhafens endete 1921 mit dem Abriss der Hallen und der nahezu restlosen Beseitigung der Infrastruktur. Das Gelände wurde ab 1935 zu einem Standort der Luftwaffe ausgebaut und wird heute durch die Luftwaffe der Bundesrepublik genutzt. Hier ist der Traditionsverband Taktisches Luftwaffengeschwader 71 „Richthofen“ stationiert, das u.a. eine Alarmrotte für den norddeutschen Luftraum stellt und eingebunden ist in Air Policing Baltikum zum Schutz der NATO-Partner Estland, Lettland und Litauen. Die Luftfahrtgeschichte des Standortes und weitere Aspekte der Regionalgeschichte werden sehr anschaulich in einem Museum („Robert von Zeppelin- und Fliegermuseum Wittmund“) präsentiert, das rein ehrenamtlich geführt ist. Die Verbundenheit der Stadt Wittmund mit ihrem Geschwader wird demonstriert durch eine Phantom, im Jargon der Flieger respektvoll als „Eisenschwein“ oder „Luftverteidigungsdiesel“ bezeichnet, die an einer Kreuzung der Umgehungsstraße aufgestellt ist.

Abkürzungen

AG	Aktiengesellschaft // Aufklärungsgeschwader
AVA	Aerodynamische Versuchsanstalt
Bamag	Berlin Anhaltische Maschinenbau AG
CINA	Commission Internationale Navigation Aerienne
Cpt.	Captain
DAFRA	Deutsche Agentur für Raumfahrtangelegenheiten
DASA	Deutsche Aerospace AG / Daimler-Benz Aerospace AG // DaimlerChrysler Aerospace AG
DELAG	Deutsche Luftschiffahrts AG
DESCHIMAG	Deutsche Schiff- und Maschinenbau AG
DGzRS	Deutsche Gesellschaft zur Rettung Schiffbrüchiger
DLR	Deutsches Zentrum für Luft- und Raumfahrt // Deutsche Luftreederei
DLBS	Deutsche Lufthansa Berlin Stiftung
DLV	Deutscher Luftsportverband
DRG	Deutsche Raketengesellschaft
DTMB	Deutsches Technikmuseum Berlin
DVL	Deutsche Versuchsanstalt für Luftfahrt
DVS	Deutsche Verkehrsfliegerschule
EADS	European Aerospace Defence and Space
FAI	Fédération Aéronautique Internationale
FdL	Führer der Luftschiffe
FLN	FRISIA-Luftverkehr GmbH
FF	Flugzeugbau Friedrichshafen GmbH
FFS	Flugzeugführerschule
FuMG	Funkmessgerät
GEMA	Gesellschaft für elektroakustische und mechanische Apparate mbH
GFK	Glasfaserverstärkter Kunststoff
HFB	Hamburger Flugzeugbau GmbH
HMS	Her Majesty's Ship
HVA	Heeres-Versuchsanstalt
HWA	Heeres-Waffenamt
ILA	Internationale Luftfahrtausstellung
ILÜK	Interalliierte Überwachungs-Kommission
JG	Jagdgeschwader
JBG	Jagdbombergeschwader
KG	Kampfgeschwader
Kptlt.	Kapitänleutnant
LFG	Luftfahrzeuggesellschaft
LFH	Luftverkehr Friesland Harle Brunzema und Partner KG
LKG	Leichtes Kampfgeschwader
LtzS.	Leutnant zur See
LVG	Luft-Verkehrs-Gesellschaft
LZ	Luftschiff Zeppelin
MAN	Maschinenfabrik Augsburg-Nürnberg
MBB	Messerschmitt-Bölkow-Blohm
MEA	Middle East Airlines
MHG	Marine-Hubschraubergeschwader
MRCA	Multi-Role Combat Aircraft
MVA	Modell-Versuchsanstalt
NDW	Norddeutsche Dornier-Werke
OFD	Ost-Friesischer-Flugdienst GmbH
OHG	Offene Handelsgesellschaft
OLT	Ostfriesische Lufttransport GmbH
OltzS	Oberleutnant zur See
RAF	Royal Air Force
RFC	Royal Flying Corps
RK	Reservistenkameradschaft
RLM	Reichsluftfahrtministerium
RMA	Reichs-Marineamt
RSA	Richtungssendeanlage
SEVERA	Seeflugzeug-Versuchs-Abteilung
SDTMB	Stiftung Deutsches Technikmuseum Berlin
SL	Schütte-Lanz
SMS	Seiner Majestät Schiff
SSW	Siemens-Schuckert-Werke
STALAG	Stammlager
SVK	Seeflugzeug-Versuchskommando
TH	Technische Hochschule
UKW	Ultra-Kurzwelle
USAF	United States Air Force
USLw	Unteroffiziersschule Luftwaffe
VEB	Volkseigener Betrieb
VFW	Vereinigte Flugtechnische Werke
WFG	Weser Flugzeugbau GmbH
WSA	Wasser- und Schifffahrtsamt

Der Autor dankt für die Unterstützung

Jana Behnke, Stadtarchiv Ribnitz-Damgarten
Dr. Peter Busse und Peer Wittig, Lilienthal-Museum Anklam
Luftbilddatenbank Carls, Würzburg
Alexander Cordes, Aeronauticum Nordholz
Hans-Joachim Ebert, München
Petra Ebert, Stadtarchiv Parchim
Alina-Marie Fritz, Flughafen Rostock-Laage-Güstrow GmbH
Falk Hallensleben, Wittmund
Hagen Hamm, RK Uetersen
Torsten Heinrich, Museum Rechlin
Anne von der Heyde und Rüdiger Ratzke, Boltenhagen Verlag
Uwe Jack, Redaktion Fliegerrevue
Barbara John, FLN FRISIA Luftverkehr GmbH
Christian König, Köln
Klaus Peter Kosanke, Berlin
Dr. Volker Koos, Rostock
Heinz-Willi Knechten, Weeze
Manfred Petersen, Tønder (DK)
Andreas Sedlmayr, Hamburg
Simone Starke, Havariekommando Cuxhaven
Dr.-Ing. Kai Steffen, Bremen
Piet Truren (†), Traditiekamer Volkel (NL)
Dr.-Ing. Ulrich Unger, Berlin
Dr. Jessika Wichner, Göttingen
Peter-Jörg Wiesner, Oldenburg

Bildnachweis

Archiv Aeronauticum Nordholz: S. 8/9; S. 35; S. 50; S. 59; S. 60; S. 117;
Archiv Airbus: S. 37;
Archiv Deutsches Zentrum für Luft- und Raumfahrt: S. 67;
Archiv Historisch-Technisches Museum Peenemünde: S. 68/69;
Archiv Luftfahrttechnisches Museum Rechlin: S. 74/75; S. 76;
Archiv Parchim: S.65 (W. Voss);
Archiv Reservistenkameradschaft Uetersen: S. 107 o./u.;
Archiv Royal Air Force Museum Laarbruch-Weeze: S. 21; S. 105;
Deutsches Technikmuseum Berlin: S. 24/25;
Flughafen Niederrhein GmbH: S. 20;
Imperial War Museum London: S. 31; S. 33; S. 96/97;
Luftbilddatenbank Carls Würzburg: S. 17;
Otto-Lilienthal-Museum Anklam: S. 11;
Presse- und Informationszentrum der Bundeswehr: S. 44; S. 52/53 (Tanja Wendt);
Presse- und Informationszentrum der Marine: Titelbild, S. 6/7; S. 90;
Sammlung Ahlbrecht: Vorsatz; S. 13; S. 14/15; S. 22/23; S. 29; S. 33; S. 38/39; S. 43; S. 46; S. 49; S. 55; S. 57; S. 71; S. 73; S. 79; S. 80; S. 83; S. 85; S. 87 o.; S. 89; S. 95; S. 98/99; S. 101 o. und u.; S. 103 o.; S. 104; S. 108/109; S. 111; S. 114/115;
Sammlung Ebert: S. 19;
Sammlung Hallensleben: S. 113;
Sammlung König: S. 103 u.;
Sammlung Koos: S. 40/41;
Sammlung Rätzke: S. 93;
Shutterstock/Markus Stappen: Titelbild;
US National Archives: S. 62/63;
Wikipedia/Wikimedia Gemeinfrei: S. 27; S. 37; S. 45; S. 87 u.

Literatur

Aufklärungsgeschwader 52 Leck. Tag der Luftwaffe 7. September '75. Mönch-Verlag, Koblenz/Bonn.

Beauvais, Heinrich; Kössler, Karl; Mayer, Max; Regel, Christoph: Flugerprobungsstellen bis 1945. Die deutsche Luftfahrt. Band 27. Bernard & Graefe Verlag, Bonn 1998.

Bode, Volkhard; Kaiser, Gerhard: Raketenspuren – Peenemünde 1936–2000. Ch. Links Verlag, Berlin 2002.

Born, Karl: Rettung zwischen den Fronten. Seenotdienst der deutschen Luftwaffe 1939–1945. Verlag E.S. Mittler & Sohn GmbH, Hamburg Berlin Bonn 1996.

Chronik 2004 – Aufklärungsgeschwader 51 „Immelmann". AG 51 (Hrsg.), o. J.

Chronik Flughafen Hamburg. Flughafen Hamburg GmbH (Hrsg.), Hamburg 1986.

Dietrich, Jürgen: Geschichte der Husumer Flugplätze Schauendahl – Schwesing. Verlag Bernd Tetens, Husum 1984.

E-Stelle See. Die Geschichte der Seeflugzeug-Erprobungsstelle Travemünde und der daraus hervorgegangenen E-Stelle für Flugzeugbewaffnung in Tarnewitz. 3. erw. Auflage. Luftfahrtverlag Axel Zuerl, Steinebach-Wörthsee, o. J.

E-Stellen Travemünde und Tarnewitz, 2. Band. Luftfahrtverlag Walter Zuerl, Steinebach-Wörthsee, o. J.

E-Stellen Travemünde und Tarnewitz, 3. Band. Luftfahrtverlag Axel Zuerl, Steinebach-Wörthsee, o. J.

Fölz, Gerhard: Luftfahrt zwischen Nord- und Ostsee – Von den Anfängen bis zur Gegenwart. Karl Wachholtz Verlag, Neumünster 1975.

Griese, Klaus: Luftfahrtgeschichte der Stadt Kiel – 90 Jahre Luftsport, Luftverkehr, Marinefliegerei. Eigenverlag, Kiel 2000.

Herz, Alexander: Die Geschichte des Fliegerhorstes Schleswig Land/See. Auf Aslaks Heide – 65 Jahre Flugplatz Schleswig-Jagel. Alexander Herz (Hrsg.), Dannewerk 1999.

Hirschel, Ernst Heinrich; Prem, Horst; Madelung, Gero: Luftfahrtforschung in Deutschland. Die deutsche Luftfahrt. Band 30. Bernard & Graefe Verlag, Bonn 2001.

Koos, Volker: Luftfahrt zwischen Ostsee und Breitling – Der See- und Landflugplatz Warnemünde 1914–1945. Transpress, Berlin 1990.

Kurze, Peter; Stünkel, Udo; Ziesemer, Andrea: Flughafen, Fliegerschule, Focke-Wulf, Weser-Flug und Raketengesellschaft. Bogenschützen Verlag, Bremen 1995.

Luftfahrtgeschichte in Schwerin. Blätter zur Geschichte der Deutschen Luft- und Raumfahrt XII. Lilienthal-Oberth e.V. Bonn-Bad Godesberg, Bonn 2001.

Meiners, Reinhard; Müller, Siegfried; Scheele, Friedrich: Von Zeppelin bis Airbus – Luftfahrt in Nordwestdeutschland im 20. Jahrhundert. Delius Klasing Verlag, Bielefeld 2007.

Rätzke, Angelika: Mythos Tarnewitz – Geheimnisse einer Halbinsel. 5. erweiterte und aktualisierte Auflage. Boltenhagen Verlag Angelika Rätzke, Boltenhagen 2016.

Reinicke, Johannes: Chronik des Flugplatzes Zwischenahn. Rolf-Dieter Plois Druckerei + Verlag, Westerstede 1997.

Rostocker Luftfahrtgeschichte(n) – Hohe Düne – Warnemünde – Marienehe. Förderkreis Luft- und Raumfahrt Mecklenburg-Vorpommern e.V. (Hrsg.). Eigenverlag, Rostock 2006.

Rostocker Luftfahrtgeschichte(n) Band 3. Arno Geertz – ein Rostocker Luftfahrtpionier. Förderkreis Luft- und Raumfahrt Mecklenburg-Vorpommern e.V. (Hrsg.). Eigenverlag, Rostock 2009.

Schmidt, Marten: Rügens geheime Landzunge – Die Verschlußsache Bug. Ch. Links Verlag, Berlin 2000.

Schubert, Peter: Geschichte der Luft- und Raumfahrt in Mecklenburg und Vorpommern. Verlag Redieck & Schade GmbH, Rostock 1999.

Schultze, Eberhart: Die Parchimer Flugplätze von 1937 – 2000. cw Verlagsgruppe, Schwerin 2001.

Schultze, Eberhart: Die Parchimer Flugplätze von 1937 – 2006 – Ihre Geschichte und Gegenwart. 2. Band. cw Verlagsgruppe, Schwerin 2006.

Schulze, Hans Joachim: 75 Jahre Bremische Luftfahrt. Verlag H. M. Hauschild GmbH, Bremen o. J.

Sternkiker, Edwin: Der Flughafen Pütnitz unter Hakenkreuz und Sowjetstern 1935 bis 1994. Verlag Redieck & Schade GmbH, Rostock 2014.

Sternkiker, Edwin: Doppeldecker und Strahlbomber über Ribnitz – Die Walther-Bachmann-Flugzeugwerke 1934 bis 1945. Verlag Redieck & Schade GmbH, Rostock 2010.

Techritz, Michael: Rostocker Luftfahrtgeschichte(n) – Band 2 – Seeflugwettbewerbe in Deutschland. Förderkreis Luft- und Raumfahrt Mecklenburg-Vorpommern e.V. (Hrsg.), 2008.

Thiel, Reinhold: „Weser" Flugzeugbau.Verlag H. M. Hauschild GmbH, Bremen 2013.

Waffenschule der Luftwaffe 10 Upjever. Informationsschrift für Gäste und Soldaten. Stand August 1979, Mönch-Verlag Koblenz/Bonn o. J.

Wenz, F.-Herbert: Chronik des Lemwerder Flugzeugwerkes 1935 – 1963. Stedinger Verlag, Lemwerder 1995.

Wenz, F.-Herbert: Flughafen Tempelhof – Chronik des Berliner Werkes der „Weser" Flugzeugbau GmbH Bremen. Stedinger Verlag, Lemwerder 2000.

Focke-Wulf Fw 44 „Stieglitz“, eines der am meisten verbreiteten deutschen Sport- und Schulflugzeuge. Dieser Typ wird noch heute als Oldtimer geflogen.

Impressum

Sutton Verlag GmbH
Arnstädter Straße 8
99096 Erfurt
www.suttonverlag.de

ISBN: 978-3-96303-291-2
Druck: Florjančič Tisk d.o.o. / Slowenien
Gestaltung und Herstellung: Sutton Verlag
Lektorat: Matthias Kunstmann, Karlsruhe